UNE FAROUCHE LIBERTÉ

Avocate, féministe, Gisèle Halimi a pris part à tous les grands combats de la deuxième moitié du XXe siècle. Elle a milité, entre autres, pour l'indépendance de l'Algérie, le droit à l'avortement, la criminalisation du viol, la parité en politique. Fondatrice du mouvement Choisir la cause des femmes, elle est l'auteure de plusieurs livres autobiographiques parmi lesquels *Le Lait de l'oranger*, *Avocate irrespectueuse* et *Ne vous résignez jamais*. Gisèle Halimi est décédée en juillet 2020.

Annick Cojean est grand reporter au journal *Le Monde* et auteure de plusieurs livres dont *Les Proies*, best-seller traduit dans le monde entier, et *Je ne serais pas arrivée là si...* Elle a reçu de nombreux prix parmi lesquels le prestigieux prix Albert-Londres en 1996 et le Grand Prix de la Presse internationale, en 2012, pour son travail sur la Libye.

D'Annick Cojean au Livre de Poche :

JE NE SERAIS PAS ARRIVÉE LÀ SI...

LES HOMMES AUSSI S'EN SOUVIENNENT (avec Simone Veil)

LES PROIES

GISÈLE HALIMI
avec ANNICK COJEAN

Une farouche liberté

GRASSET

ISBN : 978-2-253-07840-1 – 1re publication LGF

À Claude,
mon compagnon de route
mon compagnon de combat
mon compagnon de vie

G. H.

« Impose ta chance, serre ton bonheur et va vers ton risque. »

René CHAR

INTRODUCTION

À 10 ans, elle entreprenait une grève de la faim en criant « C'est pas juste ! », indignée par les inégalités entre garçons et filles. À 93 ans, elle persiste et s'insurge, stupéfaite que la condition des femmes n'ait pas suscité l'immense révolution qu'elle appelle de ses vœux, seule capable d'anéantir un patriarcat millénaire, destructeur… et grotesque. Non, femmes et hommes ne sont toujours pas à égalité dans ce début de vingt et unième siècle. Oui, cela reste une malédiction de naître femme dans la plupart des pays du monde. Et ça lui est insupportable.

Elle s'est battue pourtant. Avec rage et audace, talent et panache, compétence et entêtement. Elle s'est battue tout le temps.

Convaincue que la justice était la grande affaire de sa vie et que son métier d'avocate, embrassé avec un engagement quasi mystique, lui permettrait de changer le monde. Car telle était bien son ambition : changer le monde en plaidant. Rien de moins ! Le droit était son instrument, l'insoumission sa marque de fabrique et les mots, maniés avec éloquence, ses principaux alliés. Elle défendait, elle accusait et elle cognait. Les lois jugées injustes et archaïques, les tribunaux militaires accusés de prendre le droit en otage, la hiérarchie judiciaire masculine et machiste, les tabous toujours funestes aux femmes. Rebelle, passionnée, infatigable. Et libre. Farouchement libre.

C'est ce qui me fascine, chez Gisèle Halimi. Son incroyable liberté. Elle abhorre les clichés, elle réfute les diktats, elle n'entre dans aucun moule. Elle questionne et remet tout en cause. Aucune autorité ne trouve grâce à ses yeux. Et quand on lui oppose une « tradition », elle dégaine son flingue. Comment se résigner à un ordre établi quand on le trouve néfaste ? Un jour, alors qu'elle n'était qu'avocate stagiaire à Tunis, elle a bondi vers le bureau d'un magistrat : « Monsieur le Président, l'injustice m'est physiquement intolérable. » Il suffit, soixante-dix ans plus tard, de l'observer lire *Le Monde*, qu'elle décortique chaque jour avec minutie, pour comprendre à quel point la phrase était sincère. L'indignation affleure à chaque page, la colère n'est jamais loin. « Mais enfin, Annick, il faut faire quelque chose ! Vous n'êtes pas avocate, mais vous êtes journaliste ! Agissez ! »

Je souris... Simone de Beauvoir aurait dit la même chose. Et Simone Veil aussi, moins provocante sans doute, tout aussi indignée. Même message. Même indépendance. Même intégrité. Se battre est un devoir ; tendre la main aux autres femmes une responsabilité ; convaincre les hommes de la justesse de la cause une nécessité. N'est-il pas urgent qu'ils comprennent que leurs privilèges hérités de la nuit des temps sont un poison qui ronge nos sociétés, provoque frustrations et violences, injustices, infamie ? Et que le féminisme, cet idéal, cet humanisme, constitue l'avenir d'un monde qu'on veut plus harmonieux ?

Les livres d'histoire ont invisibilisé les femmes. Ils ont fait croire à des générations d'écoliers – et surtout d'écolières – que la terre n'avait produit que des héros, assurément pas d'héroïnes. « C'est malheureux mais c'est ainsi », disait mon institutrice, résignée à ne me citer que Jeanne d'Arc quand je la pressais de questions sur le rôle qu'avaient bien pu jouer les filles dans l'histoire de la civilisation. Cela me rendait perplexe. Aucune « chevalière » ? Aucune « aventurière » ? Aucune « conquérante », « insurgée », « exploratrice », « bâtisseuse », « savante » ? Comment était-ce possible ?

On sait désormais avec quels filtres l'Histoire fut écrite et combien les hommes furent oublieux de l'apport de femmes magnifiques qui ont contribué à faire avancer l'humanité. Le déni a cessé. Alors comptons nos héroïnes, ces femmes inspirantes qui s'inscrivent dans le vacarme du monde pour mieux le transformer.

Gisèle Halimi est de celles-là. Le titre est loin d'être usurpé. Il évoque un parcours, des combats, une vision. Il implique du courage et un sens de l'intérêt collectif dont bénéficie toute la société. Oui, elle a boosté la cause des femmes. Elle a porté très haut les valeurs du féminisme. Et sa quête d'absolue liberté est comme une injonction.

Alors, un jour d'hiver, j'ai frappé à sa porte. Et en voyant, suspendue à un cintre, la fameuse robe d'avocate – cent fois rapiécée, mille fois recousue – qu'elle a portée dans une multitude de cours et tribunaux, j'ai eu envie qu'elle prenne à nouveau la parole ; qu'elle revienne sur quelques étapes essentielles de sa vie d'engagement ; et qu'elle transmette un message à la génération de sa petite-fille, cette « génération MeToo » parfois insaisissable mais si désireuse de bouleverser les rapports de domination entre les sexes. Non pas tel un oracle, cela lui ferait horreur. Disons comme une pionnière. Une aînée dont nous serions les petites sœurs.

Sa silhouette est frêle désormais, et son beau visage émacié. Mais le regard garde sa flamboyance et la voix conserve la force soyeuse qui a frappé tant de prétoires. Elle se souvient et elle raconte. Avec entrain et générosité. Ravie que des ferments de révolte se multiplient de par le monde. Heureuse que le mot « féminisme » soit en pleine renaissance. Confiante dans la capacité des femmes à innover et puiser de la force dans leur parcours d'opprimées. La révolte intacte.

Annick Cojean

1

La blessure de l'injustice : une enfance révoltée

Annick Cojean : « L'enfance décide », écrivait Jean-Paul Sartre dans Les Mots. *Qu'a donc décidé votre enfance ?*

Tout ! Ma révolte, ma soif éperdue de justice, mon refus de l'ordre établi et bien sûr mon féminisme. Tout est parti de l'enfance et de cette indignation ressentie dès mon plus jeune âge devant la malédiction de naître fille. Comment appeler autrement ce coup du sort qui, en vous attribuant le mauvais genre, vous prive instantanément de liberté et vous assigne un destin ?

J'étais toute petite quand on m'a raconté l'histoire de ma naissance et le désespoir de mon père à l'annonce que sa femme venait d'accoucher d'une fille. Un désespoir si puissant qu'il a nié mon arrivée pendant près de trois semaines. Aux amis qui venaient aux nouvelles, il affirmait : « Non, Fritna n'a pas encore accouché. » Certains s'étonnaient : « Voyons, pas encore ? » Mais Édouard persistait : « Non, toujours pas. Bientôt, bientôt… » Il ne parvenait pas à se faire à cette catastrophe – une descendance féminine –, lui qui, pourtant, avait déjà un fils aîné. Ce récit mille fois relayé en famille a résonné dans tout mon être comme un glas : j'étais née du mauvais côté. Mais c'était aussi un appel au sursaut et à l'insoumission. Oui, la révolte s'est levée très tôt en moi. Dure, violente. Mes engagements ultérieurs en sont directement le fruit. La blessure de l'injustice m'a donné une force fabuleuse, parce que désespérée.

Tout, dans l'enfance, était fait pour me rappeler mon infériorité par rapport aux garçons, et d'abord à mes frères. Nous étions quatre, deux filles, deux garçons (un petit frère était mort d'un accident domestique à 2 ans, atrocement brûlé sous mes yeux). Et il était évident que dans cette fratrie, ma sœur et moi étions les inessentielles, vouées à servir les garçons du foyer – les essentiels – avant de nous marier et de passer sous l'autorité et la sujétion d'un époux. Ma mère mettait un point d'honneur – voire de l'acharnement – à maintenir ce clivage. « Ma grand-mère, ma mère et moi avons vécu comme ça, alors toi aussi ! » Elle avait été mariée à moins de 15 ans, mère à 16 ans – ce qui était courant en Tunisie – et elle tentait de reproduire ce qu'elle avait subi. Opprimée dès son plus jeune âge, niée dans son existence, tout naturellement, elle opprimait à son tour. Perpétuer les choses assure une certaine quiétude et provoque toujours moins de heurts que vouloir les changer. Mais la quiétude n'était pas mon fort. Ni mon aspiration. Échapper à ce qui apparaissait comme un destin tracé est vite devenu mon obsession.

Les filles de la maison, donc, devaient se mettre au service des hommes de la maison. Dès 7 ou 8 ans, on m'a obligée à lessiver le sol, faire la vaisselle, laver et ranger le linge de mes frères, les servir à table. Je trouvais cela stupéfiant. Pourquoi ? Au nom de quoi ? Avant même la révolte, je ressentais une immense perplexité. Pourquoi cette différence ? Elle n'avait aucun fondement ni aucun sens. « C'est parce que tu es une fille, s'entêtait ma mère, et parce qu'ils sont des garçons ! » La rébellion a été viscérale. Pas question d'accepter cette injustice criante. « Plutôt mourir ! » Il y eut des gifles, des menaces, des punitions. L'affrontement fut violent. Je me roulais par terre. Ma mère se disait que je devais être dingue pour refuser ainsi ma condition de fille. Je la revois mettre un doigt sur sa tempe, désemparée, affirmant à mon père : « Ta fille ne tourne pas rond. » Alors j'ai choisi l'arme ultime : une grève de la faim. C'est un moyen terrible, vous savez. Mes parents se sont affolés, et ont cédé au bout de quelques jours. Je ne servirais plus mes frères : « Ni à table, ni dans la chambre, ni jamais ! » ai-je exigé. Ce fut au fond ma première victoire féministe.

Mais l'injustice était partout. Et notamment dans la différence d'attente de nos parents envers l'enseignement selon qu'il s'agissait de leurs filles ou de leurs fils.

Moi, j'aimais l'école. Je l'aimais avec passion. C'est là que je me sentais le mieux. Et j'étais bonne élève. Mais quand je rentrais à la maison, cartable à la main, en lançant : « Je suis première ! », ma mère, glaciale, me disait : « Lave tes mains, mets la table. » Parfaitement indifférente. Mon frère aîné, en revanche, faisait l'objet de toutes les attentions, lui qui partageait son temps entre colles, mensonges, zéros pointés et renvois. Cela rendait fou mon père, qui le tabassait lors de scènes d'une violence insensée. Tout l'espoir de la famille – y compris celui de nous sortir d'une condition modeste et de nous redonner de « l'honneur » – reposait sur ce fils pour lequel mes parents étaient prêts à tous les sacrifices. Ma mère a même vendu un jour ses bijoux berbères pour lui payer des cours de rattrapage. Tandis que pour moi, elle ne voyait pas l'intérêt d'investir le moindre sou. Même mon entrée en sixième allait poser problème car le lycée était coûteux et « franchement, soupirait ma mère, les frais pourraient payer ton trousseau de mariée ! ».

Mais je m'étais renseignée. J'avais appris, dès l'âge de 10 ans, qu'il existait un concours des bourses pour les élèves pauvres, et j'ai été reçue première. Je n'ai donc rien coûté. Même pas en livres, puisque les élèves de familles « nombreuses et nécessiteuses » avaient droit à un prêt pendant leurs études. Mais mes parents se fichaient bien de la façon dont je me débrouillais. Mon frère a redoublé deux fois. Je l'ai très vite rattrapé. On s'est retrouvés dans la même classe. Je crois que c'est à ce moment-là qu'il a été renvoyé du lycée. Consternation des parents. Et irritation à mon égard. Je coiffais au poteau l'homme qui devait incarner l'honneur de la famille. C'était trop ! D'autant que j'ai rapidement donné moi-même des leçons particulières, car je voulais déjà mettre de l'argent de côté pour payer l'université. Pour mes parents, cela devenait gênant. Il était temps de me marier !

La puberté avait déjà bien perturbé ma vie de garçon manqué. Le jour où j'avais eu mes premières règles, ma mère avait pris un ton très sentencieux :

« Maintenant, c'est fini !

— Qu'est-ce qui est fini ?

— Tu ne peux plus du tout jouer avec les garçons. »

J'étais sidérée. Moi qui jouais au foot avec eux, courais pieds nus dans les rues, nageais à perdre le souffle avec une bande de copains, je devais tout arrêter ?

« Mais pourquoi ?

— C'est comme ça ! »

Là encore, quelle injustice ! Pourquoi devais-je être punie ? De quoi ? Ma mère ne m'a donné aucune explication. Une seule indication : « Maintenant tu es une jeune fille, tu peux te marier. » Elle n'a pas fait le lien entre les règles et la possibilité d'avoir des enfants. Elle n'a surtout pas évoqué le rapport sexuel. Il faudrait que je lise, plus tard, et apprenne toute seule. Pour l'heure, j'étais abasourdie, puis consternée par les rites du silence, de la clandestinité et de la culpabilité qui accompagnaient désormais cette épreuve mensuelle. Les serviettes hygiéniques devaient être lavées et mises à tremper la nuit dans un pot de chambre que l'on cachait dans un coin du patio. Personne ne devait tomber dessus, c'eût été la pire des hontes. Et il fallait une planque et des ruses de Sioux pour les mettre discrètement à sécher. Mais de quoi les filles étaient-elles donc coupables ? La question me minait.

L'offensive pour me marier s'est donc vite renforcée. Ma mère avait en vue un riche marchand d'huile de 35 ans. J'en avais 16. « Il a trois voitures ! » répétait-elle, tel l'Harpagon de Molière répétant « Sans dot ! » avec frénésie. Il est vrai que cet homme était également prêt à me prendre sans dot. Et c'était, croyez-moi, un sacré avantage. Car l'usage des dots, dont les tarifs variaient en fonction de la situation du fiancé, plombait les familles sans le sou. Pour épouser par exemple un médecin (ce qui était exclu pour moi, car c'était bien trop cher), il fallait fournir une belle somme et apporter ce que l'on appelait « la maison montée », c'est-à-dire une maison complète, de la petite cuillère au drap brodé. La future belle-mère venait vérifier à l'avance que rien ne manquait. Je me souviens de mon père travaillant comme un fou et jonglant entre les emplois parce qu'il devait marier ses deux sœurs, ma tante Rachel et ma tante

Marcelle, et payer leur dot. Inutile de vous dire que je trouvais cela ahurissant. Payer pour prendre époux et devenir sa chose ? Ce système, décidément, ne me convenait pas. Je ne voulais pas me marier. Je voulais étudier. Et devenir avocate. Avocate, avec un « e », nous en reparlerons. Avocate pour combattre les injustices ressenties si prématurément.

Car nous étions dans un monde coupé en deux, cela m'apparaissait clairement. D'un côté, ceux qui opprimaient et en tiraient profit, et de l'autre, les humiliés, les offensés, bref, les victimes. J'ai très tôt choisi mon camp : celui des victimes. Mais attention ! Des victimes qui relèvent la tête, s'opposent, combattent. « C'est pas juste ! » disais-je constamment à la maison. Ma mère se récriait : « Insolente ! » Et mon père s'énervait : « Tu n'as que ce mot-là à la bouche ! » C'était pourtant vrai : c'était pas juste ! La vie n'était pas juste. Elle ne l'est toujours pas.

Ma mère, sépharade, voulait nous imposer la pratique de sa religion – elle était fille de rabbin – et nous l'enseignait dans un mélange de Bible et de superstitions. Cela a précipité, je crois, mon rejet définitif des théories religieuses. Comment pouvais-je adopter un Dieu qui impose à ses fidèles de commencer leur journée par une prière diabolisant les femmes, les vouant même à l'inexistence : « Béni soit l'Éternel qui ne m'a point fait femme... » ? Les femmes n'ont que le choix d'acquiescer à la négation d'elles-mêmes : « Béni soit l'Éternel qui m'a faite comme il a voulu. » À vrai dire, mes rapports avec l'Éternel sentirent très vite le contentieux. Les femmes, je l'avais compris, étaient réduites à la portion congrue. D'ailleurs on ne leur demandait même pas de prier – c'était l'affaire des hommes –, seulement de ne pas pécher. Et je me souviens qu'à la synagogue, quand je montais au balcon avec les autres femmes uniquement tolérées en spectatrices muettes, j'observais avec un certain malaise le parterre où les mâles – hommes et garçonnets – connaissaient, eux, le privilège de s'adresser directement à Dieu. Cette ségrégation confirmait ce sentiment d'injustice qui me poursuivait et entretenait ma grogne à l'égard du Seigneur. Forcément un homme.

Un jour, j'ai décidé de le tester. Puisque ma mère nous rabâchait que Dieu décidait de tout, y compris de nos notes et de notre réussite aux examens, et qu'il fallait donc s'attirer ses bonnes grâces en embrassant régulièrement la mezouza (étui contenant un parchemin où sont écrits les versets du Deutéronome et qui se fixe au linteau des portes), j'ai pris le risque de le fâcher. Je me suis enfuie de la maison en passant la tête haute en dessous de la mezouza sans le moindre baiser. L'enjeu était immense : c'était le jour de la composition de français. J'ai couru au lycée, la trouille au ventre car on m'avait décrit ce Dieu capable de me réduire en cendres. Je l'ai imaginé me poursuivant et s'abattant, telle la foudre, sur ma page quadrillée. Et puis j'ai découvert avec plaisir le sujet de la rédaction imposée : « Décrivez un Noël dont vous avez gardé un souvenir particulier. » Alors j'ai raconté un Noël comme je n'en avais jamais vécu puisque à mon grand regret nous ne le fêtions pas, mais comme je l'avais rêvé à travers mes lectures et mon imagination. Un Noël dans un joli village de France – jamais vu la France. Un Noël avec un sapin immense, couvert de guirlandes mettant en joie les enfants, et avec de la neige – jamais vu la neige. Un Noël comme notre culte juif nous le refusait. De quoi déplaire à Dieu et attirer la vengeance de la mezouza…

Je m'attendais donc au pire. Le jour des résultats, alors que j'attendais ma note le cœur battant, la prof m'adressa pourtant un sourire : « Première, Gisèle. Comme d'habitude. » Dieu avait donc perdu. Il n'allait plus m'encombrer ni me faire peur. Finie, cette contrainte à laquelle nous condamnait ma mère. Évaporée, cette ombre menaçante sur ma vie quotidienne. Mon test avait justifié mes doutes. J'y gagnai de l'assurance. Et ma première part de liberté.

L'autre part, c'est par l'éducation que je la conquerrais. Je l'ai tout de suite compris. Je voulais apprendre, apprendre,

apprendre. Et il ne fallait pas qu'on m'en empêche car je devais me sauver ! C'était une conviction, ancrée au plus profond de moi. Je dirais même une rage. J'étais donc bonne élève, sauf en maths, et littéralement amoureuse de ma prof de français, Mlle Nicot, qui poussait un soupir en rendant les rédactions : « Et comme toujours, c'est Gisèle la première. »

Je me souviens du chagrin fou ressenti lorsque je l'ai croisée un jour au bras d'un homme plus âgé dont elle devait être la fiancée. Elle ne m'avait pas prévenue ! Je me disais : « C'est pas possible qu'elle me fasse ça ! » Je l'ai perdue de vue, mais elle a été un phare. Elle a immédiatement perçu ma certitude que l'école serait ma libération. Elle m'a encouragée à lire. Elle m'écoutait, me considérait, me faisait comprendre que j'avais des capacités qu'il ne fallait pas perdre. Exactement l'inverse de mes parents. Je me demande parfois ce que je serais devenue sans elle. Mais j'aurais forcément fait quelque chose, car j'avais en moi, comment vous dire, une force mauvaise, une force sauvage. J'étais déterminée à aller mon chemin, que ça plaise ou non. Et mon chemin passait d'abord par cet appétit démesuré de connaissances. Et par les livres pour lesquels j'avais une passion. C'était ça, la vraie nourriture ! Je les regardais, les palpais, les humais longuement avant de leur arracher leur secret. Je savais qu'ils m'aideraient à être moi-même.

Il n'y avait aucun livre à la maison et, petite, je me contentais de l'annuaire et d'un gros dictionnaire médical qu'un représentant de commerce avait laissé chez nous. Mais plus tard, inscrite dans toutes les bibliothèques, je lisais avec fièvre et boulimie des nuits entières. En cachette, car mes parents ne l'auraient pas admis. Comme nous étions quatre enfants à dormir dans la même pièce, ma mère déclarait très tôt l'extinction des feux. J'avais donc acheté une mini-ampoule d'un watt que je branchais à une prise au ras du sol. La lumière était trop faible pour que ma mère puisse la repérer de sa chambre, et je lisais tout mon soûl, à plat ventre par terre. Lorsque les professeurs demandaient de lire la scène 2 de l'acte III de *L'Avare*, je lisais tout Molière. Lorsqu'ils recommandaient *Le Rouge et le Noir*, je lisais tout Stendhal. Pareil pour Flaubert, Balzac, Zola. J'étais passionnée de culture française. C'est à ce moment-là que j'ai compris que les livres me donnaient confiance et force. Confiance en mon avenir. Force pour résister au poids accablant d'être née femme. Un être humain de seconde zone.

On a vu que votre révolte devant l'injustice traverse et caractérise votre enfance. Mais que saviez-vous du métier d'avocate ?

Après avoir commencé comme garçon de courses, mon père était devenu clerc d'avocat. Comme j'allais parfois le chercher au travail, cet univers m'était donc familier, même si, bien sûr, nous ne le fréquentions pas de façon mondaine ou amicale. Et puis ma propension à m'insurger à l'école contre les injustices envers tel ou tel élève m'avait souvent valu la question : « Vous vous prenez pour une avocate ? » C'est ce que disait aussi mon père, sur un ton exaspéré, quand je réagissais violemment devant un fait divers ou un événement politique : « Tu te prends pour l'avocate du monde entier ? » Non. Pourtant c'est vrai que je voulais défendre. Combattre l'injustice. Et changer le monde que je trouvais si mal fait. Comment ? Mes idées étaient loin d'être claires. Mais cela commençait par mon propre sauvetage.

Me sauver, c'était d'abord être indépendante économiquement. Échapper à cette malédiction des femmes qui les plaçait en situation d'obligées et de quémandeuses. Comme ma mère. Comme la plupart des femmes de l'époque. Adolescente, j'avais procédé à une enquête dans la famille, la tribu, chez les amis : sur trois ou quatre générations, aucune femme n'avait jamais « gagné » sa vie. Seuls les hommes travaillaient pour subvenir aux besoins des leurs. On ne s'interrogeait pas. C'était ainsi : l'homme était l'homme. Il dirigeait, décidait, nourrissait. Les femmes étaient à charge. Inexorablement. Dominées, cela va sans dire. Et infantilisées. Comment oublier ces scènes où ma mère, Fritna, qui ne disposait que de très petites sommes pour gérer le quotidien du foyer, rendait des comptes à mon père Édouard ? Elle devait lui soumettre chaque soir une feuille de papier quadrillé où elle avait sagement noté ses dépenses. Et selon son humeur, Édouard avalisait. Ou s'insurgeait. Je l'entendais hurler : « Je ne suis pas un puits d'argent, je me tue au travail pour vous tous ! Et vous ne vous en rendez pas compte ! » Il surjouait, avec sa puissance d'homme qui « fait vivre » sa famille. Et Fritna, écrasée, coupable, tentait de se justifier. « Édouard, c'était pour les enfants… » Cette impuissance d'une femme sur l'économie de sa vie et de son foyer m'anéantissait. Je détestais mon père à ces moments-là pour sa domination brutale. Et parce qu'il humiliait ma mère. Je me jurais alors d'écarter de ma vie cette subordination. Je ne serais jamais une quémandeuse.

Le soir, j'exposais mes colères, mes questionnements, mes perplexités dans mon petit journal. Je l'avais entamé à l'âge de 9 ou 10 ans et c'était le confident le plus sûr. Quand mon père criait « Mais tu veux quoi ? Décider toute seule de ta vie ? Faire comme personne ne fait ? », je me taisais. Mais en rentrant dans ma chambre, j'écrivais : « Oui oui oui ! » Je n'avais pas encore les mots, aucune vision précise, mais mon avenir, je le voulais mien, indifférent aux forces qui parquaient les femmes dans le deuxième sexe. Je refusais le modèle féminin qu'on me proposait. J'étudierais, je travaillerais, j'agirais comme un homme. De cela, j'étais absolument certaine. Et les nuits qui suivaient les scènes d'humiliation de ma mère, je me répétais les phrases écrites dans mon journal : « Personne ne doit me faire vivre… Quand je serai avocate, j'aurai les moyens de me suffire. » Et puis j'essayais d'imaginer mille systèmes qui permettraient à toutes les femmes du monde de ne jamais se trouver dans la situation de Fritna (son vrai nom était Fortunée, Fritna en était à la fois le diminutif et la traduction). C'était très farfelu, mais je réorganisais le monde. Et au petit matin, j'étais sidérée de voir que rien n'avait changé et qu'aucun des acteurs de notre petite cellule familiale ne semblait s'en émouvoir.

Vous vous envolez donc vers Paris en août 1945, le bac en poche, libre, enfin libre, pour entreprendre des études de droit auxquelles vous adjoignez des cours de philosophie. Vos parents vous ont donc laissée partir à 18 ans ?

Oh, ce ne fut pas simple ! « Une jeune fille, toute seule, en France ! » s'exclamait ma mère, épouvantée. Ce fut une lutte de tous les instants pendant plus de trois mois. Mais plus rien ni personne ne pouvait m'arrêter, même si j'étais encore mineure. Le contexte de l'immédiat après-guerre a juste compliqué un peu mon voyage, car ne sortait pas de Tunisie qui voulait et le motif des études était loin d'être suffisant pour obtenir une autorisation de la Résidence générale. Mais j'ai fini par l'avoir, à la stupéfaction de mes parents. Comme j'ai fini par obtenir une place dans la soute désaffectée d'un vieux chasseur-bombardier anglais. J'étais transportée de bonheur. Je prenais l'avion pour la première fois. Je quittais ma famille, je laissais mon pays et j'allais découvrir la France de tous mes espoirs. J'étais ivre de liberté. Peur ? Ah non ! Pas le moins du monde. C'était : « À nous deux la vie ! »

J'ai trouvé une chambre, un boulot de nuit, et j'ai suivi cette double formation : droit et philo. Il me semblait que les deux matières allaient de pair, et il fut d'ailleurs une époque où les grands avocats humanistes avaient étudié aussi la philosophie ou les lettres. J'achetais les polycopiés de droit de la fac du Panthéon, que j'apprenais très facilement. Et pour la philo, j'allais à la Sorbonne suivre avec passion les conférences des professeurs. La philo aurait même pu devenir prioritaire si je n'avais pas eu la rage de me mettre au service des plus faibles et des plus isolés. Je me sentais liée par cet engagement intime et la phrase de l'abbé Lacordaire me percutait : « Entre le faible et le fort, c'est la liberté qui opprime et la loi qui affranchit. » Avocate était vraiment ma vocation.

En 1949, munie d'une licence de droit, de deux certificats de licence de philosophie et du CAPA, le certificat d'aptitude à la profession d'avocat, je suis rentrée à Tunis et j'ai prêté serment. Édouard était là, qui se pavanait comme un paon dans les couloirs du palais de justice. Son fils aîné avait ruiné ses espoirs d'ascension sociale, il était contraint de faire un transfert sur sa fille. Fritna aussi était là, enrubannée dans une robe de dentelle de laine noire et parée de tous ses bijoux indigènes. Édouard a sorti son petit Kodak pliant. Et j'ai donc prononcé ces mots : « Je jure de ne rien dire ou publier, comme défenseur ou conseil, de contraire aux lois, aux règlements, aux bonnes mœurs, à la sûreté de l'État et à la paix publique, et de ne jamais m'écarter du respect dû aux tribunaux et aux autorités publiques. »

Quel texte ! Le découvrir m'a tellement contrariée que je m'en suis ouverte au bâtonnier et aux membres du Conseil de l'Ordre à qui je devais des visites de « courtoisie ». Je voulais défendre en toute liberté. Sans autocensure. Sans crainte des autorités ! Et voilà que ce texte me ligotait. Que signifiait ce « respect dû aux tribunaux » ? Le respect se décrète-t-il ? Ne doit-il pas se mériter ? Et qu'entendait-on par « bonnes mœurs » ? Des règles cadenassées ? Figées à tout jamais ? N'était-ce pas au contraire une notion relative et formidablement précaire ?

Quant aux lois… Il en était de si mauvaises ! Non, ce serment ne m'allait pas du tout. Mes objections ont évidemment agacé mes jeunes collègues qui les ont jugées « donquichottesques », pour ne pas dire ridicules. Quant aux anciens, ils ont pris un ton amusé : « Ça vous passera, petite fille. » Le jour de la cérémonie, le bâtonnier m'a paternellement sermonnée : « Gisèle, plus un mot. C'est "Je le jure"… ou rien ! » J'ai donc prêté serment avec la crainte prémonitoire de ne pas totalement m'y conformer. Disons que j'ai prêté serment « sous réserve ». Car en mon for intérieur, je décidai que mes mots, cette arme absolue pour défendre, expliquer, convaincre, se prononceraient toujours dans la plus absolue des libertés. Et l'irrespect de toute institution.

C'est alors que j'ai eu vent d'un concours d'éloquence ouvert aux jeunes stagiaires. Le thème en était : « Le droit de supprimer la vie. » Chaque candidat disposait d'une demi-heure pour défendre son point de vue, et le lauréat deviendrait « stagiaire numéro un », c'est-à-dire celui que les grands cabinets embaucheraient sur l'heure. Aucune femme ne s'était jamais présentée à ce tournoi et j'annonçai fièrement à mes parents que je serais la seule femme à concourir aux côtés de cinq confrères. « Formidable ! » a tout de suite réagi mon père.

Les plaidoiries avaient lieu dans la plus vaste salle du palais de justice de Tunis, devant un jury composé des bâtonniers et des membres du Conseil de l'Ordre qu'on avait installés à la place des juges. Les candidats, eux, prenaient la place des procureurs. Et, en bas, deux énormes fauteuils accueillaient le représentant de Son Altesse le Bey et le résident général, c'est-à-dire le représentant officiel du gouvernement français en Tunisie, alors sous protectorat. C'était terriblement impressionnant, mais j'étais très calme. Quand est venu mon tour et que le bâtonnier m'a dit : « Vous avez la parole », j'ai croisé le regard d'Édouard, installé dans les premiers rangs du public, et j'ai perçu son émotion. Et puis je me suis sentie m'envoler. Non à la peine de mort, bien sûr ; j'ai alors cité Albert Camus et Victor Hugo. Oui à l'euthanasie et au droit au suicide ; et j'ai cité les stoïciens. Plus imprégnée de mes lectures philosophiques que de mes codes de justice, je dissertais en lisant à peine mon texte. L'assemblée était attentive. Tout le monde se demandait qui était cette fille à l'accent français. Mon père, debout en attendant l'issue des délibérations, clamait autour de lui : « C'est ma fille ! » Et puis il s'est précipité pour m'étreindre : « Magnifique, ma fille ! Magnifique ! Tout le monde disait : elle parle comme à la Comédie-Française ! » Le jury est revenu. J'ai été proclamée lauréate à l'unanimité. Et dès le lendemain, j'ai été embauchée par l'un des meilleurs avocats de Tunisie. J'étais heureuse et impatiente. Un être « dont un dessein ferme emplit l'âme », selon le mot de Victor Hugo.

2

Ma liberté pour servir celle des autres

Vous voilà donc inscrite au barreau de Tunis, avocate stagiaire, puis rapidement établie à votre compte dans une grande pièce coupée en deux avec, d'un côté, une dactylo et la salle d'attente, et de l'autre, votre cabinet. Vous êtes jeune, passionnée, rare femme devant un tribunal peuplé d'hommes. Vous souvenez-vous du regard qui était porté sur vous lorsque vous vous avanciez à la barre ?

On me toisait, de haut en bas. Sans hostilité mais avec un air amusé. J'avais 22, 23, 24 ans. « Le charme de la jeunesse », disaient les sourires indulgents. Et l'œil des magistrats devenait vague quand je commençais à plaider. Leurs pensées aussi… « Qu'est-ce que cette jeune femme peut bien faire ici, à parler de choses qui ne sont ni de son âge ni de son sexe ? » L'interrogation était assourdissante, et j'avais tellement conscience de cette déperdition d'attention que, pendant des années, je me suis ingéniée à me vieillir et m'enlaidir. Pas le moindre maquillage, une coiffure vieillotte, des vêtements discrets… Surtout, que mon sexe ne nuise pas à ma cause ! Je faisais donc ce que je pouvais pour faire oublier que j'étais une femme. Pour qu'ils m'écoutent. Pour qu'ils me prennent au sérieux. Pour que j'aie une chance de capter leur attention uniquement par la force de mes mots et de mon raisonnement. C'est bien simple : au début de chaque plaidoirie, je savais qu'il me fallait compter dix minutes pour forcer l'attention des juges. Dix minutes de perdues, uniquement parce que j'étais une femme.

J'enrageais. Mais je savais que je les aurais à l'usure. Qu'ils rendraient les armes devant ma compétence. Il fallait juste que je travaille. Que je travaille énormément.

Des nuits entières. Quand, dans un procès, l'adversaire faisait état dans ses conclusions d'un ou deux arrêts de la Cour de cassation, j'en cherchais dix contraires. J'avais par-devers moi tous les commentaires doctrinaux, toute la jurisprudence en faveur de ma thèse. Tout ce qui pouvait jeter un doute, rendre discutable le point de vue adverse, je le trouvais. Et en plaidant, je le développais avec passion. Au fur et à mesure que je plaidais, je voyais l'attitude de mes juges se transformer. Ceux qui s'étaient étonnés de ma présence – « Mais dans votre robe, vous avez l'air d'une communiante ! » s'était exclamé l'un d'eux – à présent m'écoutaient. Comme ils auraient écouté un homme. Ils découvraient qu'une femme pouvait être une juriste ! Pour eux, le droit scientifique, rigoureux, c'était pourtant un problème d'homme. Une avocate, elle, pouvait tout au plus émouvoir ou séduire. Eh bien, je leur prouvais le contraire.

Bien sûr, mes adversaires utilisaient très souvent contre moi le fait que j'étais une femme. Si je gagnais une affaire, j'entendais mon confrère expliquer à son client :

« Qu'est-ce que vous voulez ! Elle est jeune. Elle a du charme. Contre la séduction, nous autres, pauvres hommes, nous sommes bien peu de chose. » Et quand c'étaient eux qui gagnaient : « C'est une femme. Comment vouliez-vous qu'elle comprenne quoi que ce soit à cette interprétation de jurisprudence ? Elle a été dépassée. » Je ne disais rien, à la fin des procès. Mais au cours de l'audience, je ne laissais rien passer. Un jour, mon adversaire a été pris au dépourvu par un argument « coup de poing » découvert dans un arrêt récent. Désagréablement surpris, il s'est tourné vers moi : « Je voudrais dire, devant cette jeunesse, ce charme… » Il n'a jamais pu terminer sa phrase car j'ai explosé : « Nous sommes tous des avocats, au même titre. Nous parlons du même droit. Nous traitons les mêmes dossiers. Nous avons les mêmes privilèges et les mêmes obligations. Alors utiliser l'argument du “jeune et charmant confrère”, c'est tout simplement déloyal ! Et c'est avouer sa propre incapacité ou le peu de sérieux de sa démonstration ! » Cela a jeté un froid glacial dans le tribunal. Les juges ne comprenaient rien. Mon confrère leur avait paru au contraire très galant…

Mais moi, je savais. Je savais le dédain et l'hypocrisie contenus dans le miel de sa formule. Je savais le paternalisme et le sexisme qui s'y camouflaient. Et j'entendais qu'il n'y ait pas la moindre bavure. Il est un langage que tiennent les hommes et que les femmes ne devraient jamais laisser passer. Les mots ne sont pas innocents. Ils traduisent une idéologie, une mentalité, un état d'esprit. Laisser passer un mot, c'est le tolérer. Et de la tolérance à la complicité, il n'y a qu'un pas. Mes confrères ont donc fini par se faire une raison. Mais que d'efforts ! Quelle attention de tous les instants ! Pendant des années, et avant chaque procès, je savais qu'il faudrait me battre doublement. Parce que j'étais une femme d'abord. En tant qu'avocate ensuite.

Les guerres d'indépendance de la Tunisie puis de l'Algérie ont rapidement fait irruption dans votre histoire personnelle et votre vie d'avocate. Pour la jeune femme qui amorçait tout juste sa carrière, défendre a-t-il tout de suite signifié « s'engager » ?

Oui. De toutes mes forces je m'engageais. Je n'ai jamais pu accepter la sacro-sainte règle de la « distance » qu'il faudrait maintenir avec l'accusé ou l'idée que la notion de « cause » serait proscrite pour les avocats. En vérité, je n'ai jamais pu me contenter de mon rôle d'avocate. Je sentais en moi l'exigence du témoin engagé, de la militante des droits et des libertés. Les luttes d'indépendance m'ont cueillie de plein fouet et je m'y suis engagée ardemment. D'abord celle de mon pays d'origine, la Tunisie, que j'ai soutenue spontanément. Aux premières lignes figurait le parti du Néo-Destour du visionnaire Bourguiba, qui a organisé un maquis et s'est lancé dans un terrorisme urbain. La répression ne s'est pas fait attendre : création de tribunaux militaires, lois d'exception, tortures, audiences expéditives, condamnations. Des centaines de militants pour l'indépendance ont été traduits devant des tribunaux qui ne désemplissaient pas. Il fallait des avocats, au moins pour assurer une parodie de justice. La plupart étaient commis d'office. C'est dans ce contexte que j'ai fait mes premières armes au barreau. Avec flamme.

En 1953 s'est tenu à Tunis un très grand procès politique, connu sous le nom de procès de Moknine. Cinquante-sept Tunisiens étaient accusés d'avoir participé au massacre de gendarmes au cours d'une émeute consécutive à une grande manifestation pour l'indépendance. La justice coloniale voulait frapper un grand coup et faire un exemple. Les condamnations furent de toutes sortes : travaux forcés, réclusion à perpétuité et… trois peines de mort, dont une pour un de mes clients. Je suis donc allée à Paris, en janvier 1954, plaider à l'Élysée mon premier recours en grâce. C'était la première fois que le recours en grâce d'un condamné à mort politique était plaidé par une femme, et je vous assure que c'était terriblement impressionnant. Quelle angoisse ! Je me disais que j'étais la dernière chance, la dernière voix, les derniers mots d'un homme vivant. Son ultime bataille. Et tout reposait sur mes épaules. Je me concentrais donc sur mon plaidoyer quand l'épouse d'un autre avocat m'a prévenue :

« Tu ne peux pas y aller sans chapeau.

— Comment ça ? Je n'ai jamais porté de chapeau de ma vie !

— C'est l'étiquette présidentielle. Sans chapeau, tu ne seras pas reçue à l'Élysée. »

Infiniment contrariée, je me suis donc fait prêter un chapeau et me suis présentée à l'Élysée coiffée d'un tambourin noir. L'huissier m'a fait entrer et patienter quelques instants. Le temps que je m'observe dans les miroirs du grand salon et que je me trouve grotesque. La vie d'un homme était en jeu et l'on m'obligeait à me déguiser pour obtenir sa grâce ? Ah non. Cette mascarade allait m'empêcher de parler librement. À l'instant précis où l'huissier a ouvert la porte du bureau présidentiel, j'ai enlevé prestement mon couvre-chef et le lui ai donné : « Mettez-le au vestiaire. »

René Coty venait tout juste d'accéder à la présidence de la République. « Comment allez-vous ? » m'a-t-il demandé en guise d'accueil. Cela m'a paru saugrenu. J'ai répondu un peu froidement : « Bien, monsieur le

Président. » Et il a continué : « Je voudrais vous voir sourire. » C'était très déplacé. J'ai dit : « Je pourrai sourire si vous accédez à ma demande.

— Ah ça ! Il n'y a pas que moi qui décide, vous savez… »

Je me suis lancée dans l'histoire de mon client tunisien quand, soudain, il s'est levé pour arpenter la pièce. « Continuez, continuez, a-t-il dit. Je cherche juste un verre d'eau pour prendre mes cachets. » J'étais interloquée et j'ai voulu l'aider. Il devait bien y avoir des sonnettes quelque part pour appeler l'huissier ! Il promenait maladroitement ses doigts sur les murs à la recherche d'un cordon. La vie d'un homme se jouait dans cette phase ultime et le président ne songeait qu'à ses pilules ! « Il ne faut pas m'en vouloir, a-t-il dit, je suis nouveau dans la maison. » C'était surréaliste. Mais le plus terrible, c'était de s'apercevoir qu'il ne connaissait pas du tout le dossier.

Mon client a finalement été gracié et je me suis un peu familiarisée avec ce président qui me regardait d'un air paternel et que j'allais voir chaque fois que la vie d'un homme était en jeu. Au printemps 1958, j'ai battu mon propre record en le sollicitant trois fois dans une même journée pour trois condamnés à mort différents. Deux le matin, un l'après-midi. C'était oppressant. Aucun avocat ne sort indemne de ce type de mission. Dans celle de l'après-midi, Coty, qui écoutait en général passivement, s'est brusquement animé et m'a contredite sur les faits. Pendant quelques minutes j'ai flotté. Je ne reconnaissais pas les faits rappelés dans mon mémoire, je ne comprenais plus rien. Et soudain, j'ai eu une fulgurance : il confondait les condamnés ! Un homme pouvait être guillotiné à la place d'un autre à cause de la distraction ou de la fatigue d'un vieux président. J'ai dit : « Nous ne parlons pas de la même affaire. C'est le dossier de ce matin que vous évoquez. » Il a ri.

Avec le général de Gaulle qui lui a succédé à l'Élysée, c'était tout autre chose. Je suis allée le voir l'après-midi du 12 mai 1959, pour demander la grâce de deux condamnés à mort lors du grand procès d'El Halia, en Algérie. C'était le nom d'un petit village dans lequel des insurgés algériens avaient tué une trentaine d'Européens. Cela avait fait grand bruit, donné lieu à une répression sans précédent, une succession de procès, la révélation d'actes de torture à grande échelle pour fausser la justice. L'État français voulait à coup sûr un verdict exemplaire. Et j'étais si nerveuse qu'en attendant mon confrère et complice, Léo Matarasso, j'ai commandé un whisky sec dans un petit café du faubourg Saint-Honoré. Mon premier whisky, et d'ailleurs le dernier. Quand nous nous sommes présentés à l'Élysée et que le Général m'est soudain apparu, il m'a semblé gigantesque. Il m'a tendu la main en me toisant. Et de sa voix rocailleuse, il a lancé : « Bonjour madame. » Il a marqué un temps. « Madame ou mademoiselle ? » Je n'ai pas aimé. Mais alors pas du tout. Ma vie personnelle ne le regardait pas. J'ai répondu en le regardant bien droit : « Appelez-moi maître, monsieur le Président ! » Il a senti que j'étais froissée et il a accentué sa courtoisie : « Veuillez entrer, je vous prie, maître. Asseyez-vous, je vous prie, maître. Je vous écoute, maître. » Alors mon confrère et moi avons développé nos arguments : pas d'aveux, pas de pièces à conviction, aucun témoignage déterminant pour confondre notre client. Mais de Gaulle s'est mis à poser des questions. Il avait étudié le dossier dans ses moindres détails. Mon léger malaise venait du fait qu'il ne me regardait pas durant mes explications. Or j'ai toujours eu besoin de croiser le regard de ceux que je veux convaincre. Comme au tribunal, où j'essaie de capturer mes interlocuteurs, les attirer à moi pour qu'ils m'écoutent. Le Général posait cependant des questions précises, prouvant qu'il avait lu tous les procès-verbaux. À la fin, il s'est contenté de dire : « Je vous ai entendus. Je vous remercie. » En sortant, nous avons croisé André Malraux, alors ministre de la Culture, puis le secrétaire du Conseil de la magistrature que j'ai supplié de m'appeler dès qu'il connaîtrait la décision. Il a refusé, l'affaire était trop sensible, il avait peur que j'ameute la presse. « S'il vous plaît ! Au moins pour que je dorme ! » J'ai donné ma parole d'honneur que je garderais le secret. Et, deux jours plus tard, à 8 heures du matin, un coup de fil m'a appris que nos deux clients étaient graciés.

Deux vies ! Deux vies sauvées ! Vous vous rendez compte ? Et cela tenait à la grâce d'un président doté d'un droit régalien hérité de l'Ancien Régime. Il n'avait aucune explication à donner. C'était son bon plaisir de monarque... Je n'eus hélas pas toujours la joie d'avoir été écoutée et suivie dans mes demandes par le chef de l'État. Des condamnés, non graciés, ont été guillotinés dans la cour de la prison de Barberousse à Alger. Je voyais l'échafaud lorsque j'allais rendre visite à mes clients, révulsée que cette barbarie existe encore dans ce pays réputé l'un des plus civilisés au monde.

J'ai gardé le souvenir d'une autre exécution, une vingtaine d'années plus tard. Ce n'était pas la guerre. Ce n'était pas mon client. Mais Paul Lombard, l'avocat du condamné – le jeune Christian Ranucci, accusé d'avoir enlevé et tué une fillette de 8 ans –, m'a fait vivre de près l'horreur de cet instant. Nous nous connaissions bien, et il m'avait fait part de son inquiétude après être allé voir le président Giscard d'Estaing pour demander la grâce. J'avais tenté de le rassurer. Mais voilà qu'il me téléphone le 28 juillet 1976, vers 1 heure du matin. « Je viens d'apprendre que la grâce a été refusée par Giscard. Ranucci va être guillotiné. J'ai rendez-vous à 4 heures moins le quart aux Baumettes. » Il étouffe un sanglot. « C'est un gosse qu'ils vont massacrer ! Un gosse ! Une seule des contradictions du dossier aurait dû interdire sa mort ! » Je suis bouleversée. Je lui conseille de prendre un somnifère. Il me supplie de ne pas raccrocher. « Que puis-je dire à un gosse qu'on envoie à la mort ? » Je ne sais pas. Je ne connais aucun mot capable d'apaiser un homme qu'on va couper en deux. Aucune phrase qui exorcise l'horreur. « Parlez-lui. Anesthésiez-le de paroles. Prenez-lui la main, c'est important. Et puis embrassez-le. »

Ce qui se passait pendant la guerre d'Algérie était fou. Je ne pouvais pas refuser de m'y engager. D'abord, il y était question d'un peuple qui réclamait sa liberté. Et il n'y a pas de sujet auquel je sois plus sensible.

C'était mon idéal, rien ne pouvait donc m'arrêter. J'étais née comme ça. Ce n'est pas de l'héroïsme, mais de la cohérence. Ma liberté n'a de sens que si elle sert à libérer les autres. Et puis, les pouvoirs spéciaux votés en 1956 avaient pris le droit en otage. La justice – qui était mon métier – n'était plus qu'un simulacre, au service d'une logique de guerre. Soldats et magistrats travaillaient main dans la main pour rétablir l'ordre répressif français : les premiers tuaient, les seconds condamnaient. J'ai découvert, abasourdie, l'étendue des exactions commises par l'armée française, la torture érigée en système, les viols des militantes arrêtées, les condamnations sur aveux extorqués, sans compter les disparitions et exécutions sommaires. Que faire ? La défense avait-elle encore un sens ? Ne risquait-elle pas de servir d'alibi, d'avaliser par sa seule présence des parodies de justice ? Je voulais croire à tout prix en mon rôle et, de 1956 aux accords d'Évian en 1962, je n'ai cessé de faire la navette entre Alger et Paris, où j'étais désormais installée avec mes deux fils après m'être séparée de leur père resté en Tunisie. Résister. Il fallait résister contre le mal absolu. Je me sentais plus que jamais liée à mon métier.

Tout était pourtant fait pour compliquer la tâche des avocats, voire la saboter. La défense algérienne avait été décimée : arrestations, internements dans des camps, meurtres maquillés en suicides. Nous autres, avocats français, pouvions être remis dans l'avion sitôt débarqués à Alger, ou alors reconduits à l'aéroport par deux policiers quelques heures avant l'audience où nous devions plaider devant un tribunal militaire. J'étais l'une des rares femmes avocates à défendre les fellaghas, et donc considérée comme une « traîtresse à la France » par les militaires et tenants de l'Algérie française. Bien sûr pire qu'un « traître ». Il y avait des crachats, des huées, des insultes et des coups à l'arrivée au tribunal. Des appels téléphoniques nocturnes – « Tu ferais mieux de t'occuper de tes gosses, salope ! » ou bien « Sale pute à bicots, si tu n'fous pas l'camp par l'avion postal, tu partiras les pieds devant ! » –, des menaces de plasticage de mon appartement et des petits cercueils envoyés par la poste. Je n'y ai longtemps vu que gesticulations et tentatives d'intimidation. Jusqu'à l'assassinat, à Alger, de deux de mes confrères très proches (l'un poignardé, l'autre abattu par balles), puis la réception, en 1961, d'un papier à en-tête de l'OAS (Organisation de l'armée secrète, pour le maintien de la France en Algérie) qui annonçait ma condamnation à mort en donnant ordre à chaque militant de m'abattre « immédiatement » et « en tous lieux ». Mais je n'ai jamais eu peur. Mes convictions me portaient et j'ai toujours cru en ma *baraka*. Sauf une nuit, je l'avoue, au centre de torture du Casino de la Corniche, à Alger, où des militaires m'avaient jetée dans une cellule et où j'ai attendu mon exécution en pensant avec culpabilité à mes petits garçons de 3 et 6 ans.

Le chantre de la torture, le grand ordonnateur des exactions et du retour de la barbarie en Algérie, était le général Massu. J'ai débarqué à son QG, un jour de l'automne 1957, en pleine bataille d'Alger. Sans rendez-vous. Dans un état de colère immense. J'avais attendu en vain un de mes clients à la prison de Barberousse. Il avait disparu de sa cellule, enlevé par les militaires pour de nouvelles séances de torture. Cela m'était inconcevable. Lorsque je l'avais rencontré la veille, j'avais noté sa démarche difficile, son visage tuméfié, son bras hors d'usage. « Maître, je suis abîmé », m'avait-il dit avec sobriété. « Enfin, vous êtes là... » Oui, le cauchemar des tortures endurées par ce maquisard semblait terminé et je l'avais rassuré : nous allions préparer avec soin l'audience de jugement. Alors apprendre que les paras l'avaient à nouveau enlevé, sac-cagoule sur la tête, pour un interrogatoire de plus, au lendemain même de notre entrevue, m'a mise en rage. Je devais à tout prix l'arracher à ses bourreaux. Je repère donc la villa de Massu, gardée par des paras. Je me présente. Il me reçoit contre toute attente. Visage osseux, fine moustache. Il écoute mon flot de protestations et mes menaces de porter plainte pour enlèvement et séquestration. Et soudain il se lance dans un plaidoyer en faveur de la torture. « Vous trouvez acceptable que des enfants soient déchiquetés dans des autobus par les bombes du FLN ? Vous, une mère de famille, vous acceptez ça ? » Pour faire cesser ces attentats qui tuent des innocents, il faut du renseignement, insiste-t-il. « Et croyez-moi, la torture, c'est efficace ! » Je n'arrive pas à croire qu'il tente sur moi son prosélytisme abject. Je suis écœurée. Je ne veux même pas entrer dans cette discussion. La torture déshumanise autant le bourreau que la victime. Point final. Je quitte son bureau, en proie à un cafard terrible. Nous n'avons pas parlé des viols. Sans doute aurait-il nié, le sujet était tabou. Et pourtant, quel scandale !

3

Le viol, acte de fascisme ordinaire

Le dossier de Djamila Boupacha a justement été l'occasion de briser ce tabou et de dénoncer la torture par le viol. En acceptant la défense de cette jeune militante indépendantiste, saviez-vous que vous en feriez l'un des dossiers les plus emblématiques de la guerre d'Algérie ?

Non, bien sûr. Mais Djamila Boupacha représentait tout ce que je voulais défendre. Son dossier était même, dirais-je, un parfait condensé des combats qui m'importaient : la lutte contre la torture, la dénonciation du viol, le soutien à l'indépendance et au droit des peuples à disposer d'eux-mêmes, la solidarité avec les femmes engagées dans l'action publique et l'avenir de leur pays, la défense d'une certaine conception de la justice, et enfin mon féminisme. Tout était réuni ! Le cas était exemplaire.

La première fois que je l'ai vue dans la prison de Barberousse à Alger, elle boitait, elle avait les côtes brisées, les seins et la cuisse brûlés par des cigarettes. On l'avait atrocement torturée pendant trente-trois jours, on l'avait violée en utilisant une bouteille, lui faisant perdre ainsi une virginité à laquelle cette musulmane de 22 ans, très pratiquante, tenait plus qu'à sa vie. Elle avait pourtant reconnu les faits dont on l'accusait : agent de liaison du FLN, elle avait déposé un obus piégé dans un café d'Alger le 27 septembre 1959, engin qui avait été désamorcé à temps et n'avait donc provoqué ni victimes ni dégâts. Pourquoi s'était-on acharné sur elle ? Massu voulait qu'elle parle, qu'elle livre des réseaux de militants, qu'elle dénonce ses « frères ». Elle ne l'avait pas fait. Il fallait donc urgemment sauver cette jeune fille qui risquait la peine de mort. Il fallait dénoncer les sévices qu'elle avait subis et porter plainte en tortures pour que ses bourreaux soient punis. Il fallait en faire le symbole, aux yeux du monde entier, des ignominies commises par la France.

Tout a été fait, à Alger, pour empêcher une défense normale de Djamila et étouffer l'affaire. Mais je me suis battue. Elle est devenue mon obsession. À peine rentrée à Paris – mes autorisations de séjour à Alger étaient limitées au strict minimum et exigeaient parfois que je quitte l'Algérie la veille de l'audience –, j'ai tout fait pour ameuter l'opinion. J'ai écrit à de Gaulle, Malraux, Michelet, afin qu'on ne dise pas : « Paris ne savait pas… C'était Alger ! » J'ai informé François Mauriac qui officiait dans *L'Express*, Hubert Beuve-Méry, le patron du *Monde* qui m'a longuement reçue et voulait tout savoir, Daniel Mayer, le président de la Ligue des droits de l'homme. Surtout, j'ai raconté en détail à Simone de Beauvoir, lors d'un long rendez-vous dans un café près de Denfert-Rochereau, l'histoire de Djamila et les tortures subies. Je ne doutais pas un instant de son soutien ardent. Elle a tout de suite cherché l'outil pour déclencher des réactions et alerter l'opinion. Ce fut un article implacable qu'elle écrivit en une du *Monde* le 2 juin 1960 et qui s'intitulait : « Pour Djamila Boupacha ». L'affaire était lancée. Le gouvernement fit saisir le journal à Alger, mais des lettres nous parvinrent du monde entier. Et d'anciens résistants, horrifiés, écrivirent que les méthodes de l'armée française leur rappelaient la Gestapo.

L'article du *Monde* nous a valu une petite chicane. Simone de Beauvoir décrivait avec beaucoup de précision les tortures endurées par Djamila, y compris la pire : le viol par l'introduction dans son vagin du goulot d'une bouteille. Mais à ce mot, le rédacteur en chef adjoint Robert Gauthier s'était cabré : « On ne peut pas écrire le mot "vagin" dans *Le Monde*, c'est impossible ! Sachez, madame, que nous sommes les héritiers du *Temps* ! » Nous étions sidérées. Le journal *Le Temps* devait bien écrire la vérité ! Le Castor, furieuse, a menacé de retirer son texte. J'ai négocié et proposé de remplacer « vagin » par « ventre ». Simone s'est offusquée : « C'est ridicule, Gisèle. Vous dites n'importe quoi ! Comment voulez-vous enfoncer une bouteille dans un ventre ? » Mais tout le monde a compris. Et l'article fit l'effet d'une bombe. Des personnalités des courants politiques, philosophiques, religieux les plus divers souhaitèrent adhérer au comité « Pour Djamila Boupacha » : Aimé Césaire, Jean-Paul Sartre, Germaine Tillion, René Julliard, Louis Aragon, Geneviève de Gaulle, André et Anise Postel-Vinay... Même Françoise Sagan, que j'étais allée voir dans sa maison d'Équemauville et que personne n'attendait sur ce terrain. Son article sur Djamila, paru dans *L'Express* – « La jeune fille et la grandeur » –, a bouleversé ses lecteurs.

Pour obtenir la justice que je voulais, il fallait donc parfois transgresser la loi, et même la déontologie, comme je l'avais pressenti avant ma prestation de serment. J'avais trahi le secret professionnel en divulguant devant l'opinion publique les détails du dossier Boupacha. Mais je lui avais peut-être évité la peine de mort et j'avais attiré l'attention sur un sujet crucial : ces viols commis par les troupes françaises et dont personne ne voulait entendre parler. Il y eut une manifestation à Washington et à Tokyo. Nous avons fait des conférences de presse, interpellé le gouvernement, obtenu le transfert de Djamila en France (aucun espoir de justice dans l'Algérie de l'OAS) et les photos des tortionnaires présumés, sans pouvoir toutefois recueillir leurs noms et matricules, le ministre de la Défense arguant que ce serait mauvais pour « le moral de l'armée ». J'ai déposé plainte en forfaiture contre le ministre et contre le général en chef des armées. Djamila a finalement été amnistiée avec la signature des accords d'Évian qui ont mis fin à la guerre d'Algérie en 1962. Elle avait rêvé de rencontrer Simone de Beauvoir à sa sortie de prison. Un déjeuner était prévu. Elle n'en a pas eu le temps : le FLN l'a quasiment kidnappée pour la rapatrier au plus vite en Algérie.

Vous aurez maintes fois l'occasion, la guerre d'Algérie terminée, de dénoncer le viol en défendant des femmes de toutes sortes qui en étaient victimes. Un de vos grands procès est resté dans toutes les mémoires car il a suscité un débat national, entraîné un changement de la loi et fait avancer la cause des femmes. C'est le procès d'Aix-en-Provence, en 1978, connu dans les annales comme « le procès du viol ».

C'est effectivement ce que j'avais voulu faire. Deux jeunes touristes belges avaient été sauvagement agressées une nuit d'août 1974, alors qu'elles campaient dans une calanque près de Marseille. Trois hommes s'étaient introduits dans leur tente et les avaient brutalisées et violées pendant près de cinq heures, les laissant en sang, hagardes, traumatisées. L'histoire était à la fois terrible et exemplaire. La violence des trois hommes, le refus évident des deux femmes d'avoir des relations sexuelles avec eux, leurs blessures constatées par le gendarme de garde qui les avait reçues à l'aube, dès qu'elles avaient pu s'enfuir, ainsi qu'à l'hôpital vers lequel il les avait dirigées... Tout était réuni pour interpeller la société et entreprendre un grand procès symbolique. Un procès-explication plutôt qu'un procès-expiation. Un procès-réflexion, subversion, remise en cause des tabous et d'une culture globale qui admet le viol ou plutôt s'y résigne : nature des hommes, malédiction d'être femme. Certes, le président de la cour d'assises avait fait une mise en garde solennelle dès l'ouverture du procès : « Ici, c'est le procès des accusés. Pas du viol ! » Eh bien tant pis. Je voulais le procès du viol, je plaide coupable.

Comment isoler un procès de son contexte : la culture et la politique d'un pays ? Et pourquoi renoncer à secouer l'opinion et à changer les mœurs ? Mais oui ! Changer les mœurs. Refondre la société. Faire reconnaître le droit des femmes à disposer de leur corps et changer le rapport de force entre les deux sexes. Au fond, j'ambitionnais tout ça. Une justice qui se contenterait de sanctionner les manquements à l'ordre public sans s'interroger sur leur sens ni les placer dans une dynamique serait une justice morte. Alors oui, j'ai voulu un procès-débat. Un procès-tribune. Un « procès-spectacle », ont reproché certains, parce que j'avais cité des témoins prestigieux et que télévisions et journaux s'étaient mobilisés. Et alors ? Si cela pouvait entraîner un choc des consciences, comme l'avait fait le procès de Djamila Boupacha, j'étais partante. Il fallait saisir la possibilité de faire évoluer la jurisprudence et la loi de demain. Écrire un nouvel épisode de la longue lutte des femmes.

L'affaire judiciaire avait fort mal commencé car les deux jeunes filles, Anne Tonglet et Araceli Castellano, avaient été entendues par une juge d'instruction monstrueuse. Alors que les premiers constats de police les décrivaient couvertes de sang et de sperme, nécessitant des soins urgents, la magistrate les avait interrogées, dans cet état, avec une dureté inouïe, les traitant quasiment en coupables, et renvoyant l'affaire devant le tribunal correctionnel, sous la qualification de coups et blessures. Oui, coups et blessures ! De simples délits. Or le viol est un crime. Qui relève de la cour d'assises. Il faudra quatre ans de procédure kafkaïenne pour que les accusés, mis en liberté cinq semaines après leur crime, comparaissent enfin devant la cour d'assises d'Aix-en-Provence. Et dans un tel climat de haine et de violence que je m'en souviens encore avec effroi. Des militantes de Choisir la cause des femmes, mon association, étaient venues soutenir Anne et Araceli et les entourer d'affection. Elles ont été agressées, insultées, prises à partie par une bande de voyous, compères des violeurs, qui ont investi la petite salle d'audience, dès le premier jour, avec la complicité des forces de l'ordre. Le second jour, ils ont même bloqué le passage vers la salle, déchaînés à l'arrivée des deux jeunes femmes : « Salopes, putains, gouines, enculées. » Une de mes collaboratrices a été giflée, une autre s'est fait cracher au visage. J'ai moi-même été frappée et j'ai reçu des menaces : « Si tu les fais condamner, on aura ta peau ! », au point que j'ai dû interpeller le président. On a peine à imaginer aujourd'hui comment un tel procès dérangeait notre société patriarcale et combien il fallait de courage à ces deux femmes pour maintenir leur plainte et garder la tête haute.

Car les débats ont été du même acabit. Ils ont mis au jour une mentalité si primitive, si phallocrate, si ignominieuse, que le procès fut pour les plaignantes une nouvelle épreuve traumatique. Figurez-vous que les trois hommes ont eu le culot de prétendre, et cela, malgré les preuves de violence, que les deux jeunes campeuses avaient été consentantes. Le coup classique ! Qu'en somme ils voulaient tous s'amuser, prendre du plaisir. Et que l'expérience ne pouvait d'ailleurs pas avoir nui aux victimes, puisqu'ils les avaient ainsi ramenées dans le chemin de la « normalité », traduisez cette hétérosexualité qui cimentait sans doute les protagonistes du procès, jury, magistrats, public, avocats, avec lesquels les accusés créaient ainsi une complicité inavouée. L'observation sembla en tout cas recueillir un consensus (tacite) chez les juges et (rigolard) dans le public. Un comble. Non seulement le lien d'amour qui unissait les deux femmes n'était pas une preuve supplémentaire de leur désintérêt pour une relation sexuelle avec ces trois hommes mais il se transformait en élément à charge : leur homosexualité les étiquetait en marginales, aux mœurs dissolues, et dont la haine des hommes expliquait à elle seule la plainte calomnieuse. J'en étais horrifiée.

Le viol est comme une mort inoculée aux femmes un jour de violence. Elle coexiste avec leur vie en une sorte de parallélisme angoissant. C'est ce que nous avaient expliqué Anne et Araceli lorsqu'elles avaient passé quelques jours à la maison. On avait parlé longuement pour préparer le procès. Et c'est en cuisinant, mangeant, discutant que leur vérité s'était exprimée peu à peu : ce sentiment d'être des « mortes-vivantes ». La mère d'Anne l'avait confirmé au tribunal, racontant les avoir retrouvées « tapies, dans le fond de leur chambre d'hôpital, telles des petites bêtes terrorisées ». Mais cela n'a pas empêché les attaques, les mensonges, et une véritable inquisition pour vérifier à quel point elles s'étaient débattues. Là encore une constante dans tous les procès pour viol. « Mais que voulez-vous de plus ? ai-je lancé un jour au tribunal, excédée. Une femme violée n'est honorable que morte ? Morte de s'être débattue ? Sa crédibilité se paie forcément de sa mort ? » J'ai vu de tels cas. Comme j'ai aussi rencontré une jeune femme à qui ses agresseurs avaient coupé la main alors qu'elle tentait de fuir en s'accrochant à une branche d'arbre, après avoir sauté dans un ruisseau. Quoi de plus normal que de s'approprier le corps des femmes ? N'a-t-il pas toujours été un butin, en temps de guerre, de paix, en vacances, au travail ? La culture, l'éducation, la religion n'ont-elles pas sécrété, comme une normalité, la domination de l'homme sur la femme ? Et le viol n'est-il pas, pour beaucoup, une drague un peu poussée ? C'est ce que pensait le policier de garde au palais de justice d'Aix lorsqu'il a lancé à la cantonade : « Eh ! Matteo, tu fais l'amour et tu te retrouves aux assises. Tu te rends compte ? » Quelle misère ! Le viol d'une femme par un homme est un crime contre l'amour. Contre cet « instant d'infini » dont parlait Cyrano. Mais pire encore : accompli dans un rapport de force physique, il exprime à la fois le mépris et la négation de l'identité de l'autre. C'est pourquoi je dis qu'il ressemble furieusement à un acte de fascisme ordinaire.

Pour réfléchir à la portée de ce crime absolu, analyser la pathologie socioculturelle dont il était le symptôme et suggérer les moyens de redonner à la femme fracturée sa dignité de femme, j'avais cité des témoins dits de moralité. Le président de la cour s'est opposé à leur audition avec une grossièreté inhabituelle. « Étiez-vous sur place ? demandait-il. Êtes-vous témoin des faits ? » Mais voyons, il n'y a jamais de témoin quand on viole, sinon on peut espérer que cela n'arriverait pas. Eh bien il n'a pas voulu en savoir davantage, allant jusqu'à requérir la force publique pour arracher les témoins agrippés à la barre. « Vous n'êtes pas des témoins des faits. Je ne vous donne pas la parole. Sortez ! » Arlette Laguiller s'est exclamée : « Mais ce sont mes sœurs ! » Et elle s'est cramponnée de toutes ses forces. « Non, je ne sortirai pas ! » Elle criait pour couvrir le tumulte. « Si c'était un hold-up de banque… » Elle voulait dire que le crime serait considéré et puni bien plus sévèrement. Elle n'en a pas eu le temps. « Gardes, expulsez le témoin ! » Les gardes se sont dirigés vers Arlette. Ils allaient l'empoigner. J'ai crié : « Ne la touchez pas ! » Et je me suis mise entre elle et eux. « Et ne me touchez pas ! » ai-je ajouté. Pugilat improbable. A-t-on jamais vu des gardes en uniforme se saisir d'une avocate en robe au beau milieu d'une cour d'assises ? Ils se sont arrêtés, les yeux tournés vers le président. J'ai pris Arlette par le bras et nous sommes sorties. « L'audience est suspendue », a décidé le président dans la plus grande confusion.

Il était évident que le professeur Minkowski, l'académicien Pierre Emmanuel et les femmes députées de tous horizons que je souhaitais entendre n'étaient témoins ni des faits ni de la moralité des plaignantes. Mais il s'agissait de personnalités capables de mettre ce crime en perspective. En gros, de faire entrer la culture dans le prétoire. Pour changer nos mentalités et nos mœurs. Ce qui était mon obsession. Chassés du tribunal, ils ont donc témoigné devant les télévisions, radios et journaux sur les marches du palais de justice d'Aix. Je leur posais des questions et les journalistes ont relayé des éléments qui me semblaient importants. Et puis nous avons continué la bataille contre une justice fondamentalement misogyne. Une bataille féministe. Au nom de toutes les femmes, les humiliées et les offensées. Une bataille pour nous toutes, moi comprise. Car quand je plaidais, je sentais de toutes mes tripes que je plaidais aussi pour moi. Il existe une cause des femmes.

Les trois accusés ont été lourdement condamnés. Nous avons publié les débats du procès et Choisir la cause des femmes s'est attelée à élaborer un nouveau texte de loi. Dès le lendemain du verdict, des propositions de loi étaient déposées sur le bureau du Sénat, prouvant que le procès d'Aix avait secoué l'opinion. La loi du 23 décembre 1980 remaniera la définition du viol qui inclura désormais toutes les agressions sexuelles, y compris celles qui n'étaient autrefois considérées que comme des « attentats à la pudeur ». Seules ses victimes pourraient demander le prononcé du huis clos. Les associations de défense des droits des femmes, comme Choisir, pourraient se porter partie civile aux côtés des femmes violées. C'était une avancée incontestable.

4

Choisir… la sororité

Comment avez-vous rencontré Simone de Beauvoir ? L'aviez-vous beaucoup lue ? Faisait-elle partie de vos phares ou de vos grandes inspirations ?

J'avais lu *Le Deuxième Sexe* à 23 ans avec un mélange d'émerveillement et de stupeur. Car c'était vraiment incroyable : un livre mettait des mots sur mon vécu, ma révolte initiale, mon indignation permanente concernant la dépendance et l'humiliation des femmes. Il donnait des clés pour analyser les rapports entre les sexes et expliquer cet inexorable malheur de devenir femme. Parce qu'on le devient… « C'est l'ensemble de la civilisation qui élabore ce produit intermédiaire entre le mâle et le castrat qu'on qualifie de "féminin" », écrivait-elle, en prouvant que la différence entre condition masculine et condition féminine était essentiellement culturelle. C'était excitant, bousculant, galvanisant ! J'avais l'impression qu'une sorte de lumière éclairait soudain mon chemin.

Jusque-là, mon féminisme avait été purement instinctif, construit par bribes au fil de mes expériences. Et voilà qu'une femme, qui n'avait pas souffert de la pauvreté, pas subi la domination des mâles de sa famille ni été menacée de mariage forcé à 15 ans mais au contraire encouragée à s'épanouir dans les études, le théorisait brillamment. Elle universalisait la condition des femmes. Et moi qui me sentais alors si seule dans ma révolte prenais brusquement conscience d'être incluse dans une communauté immense. La grande aventure du féminisme avait trouvé ses bases théoriques. Il restait à en inventer les luttes.

Je l'ai rencontrée un soir de septembre 1958 lors d'un meeting de soutien au « Non » au référendum de De Gaulle. Elle est arrivée avec Sartre, et je l'observais, tandis qu'elle avançait avec sa démarche un peu lourde, son chignon impeccable, ses yeux d'une vivacité extraordinaire. J'étais terriblement impressionnée. Nous étions assises à la même estrade et je lui ai glissé combien elle était importante pour toutes les femmes de ma génération. Elle a souri en disant admirer en moi la jeune femme combative et engagée, et elle a suggéré que nous déjeunions ensemble. Même en rêve je n'avais imaginé une telle chose !

On s'est retrouvées quelques jours après à La Coupole. Elle m'a fait parler de mon métier, de l'Algérie, je lui ai posé cent questions. J'avais instantanément trouvé en elle ma référence essentielle. Son intelligence, sa lucidité, sa combativité me fascinaient. Elle ne mesurait pas son temps, ne marchandait pas son appui. Elle était fiable, vraie, à tout moment ; et je savais désormais que je pouvais compter sur elle. Nous n'avons d'ailleurs pas cessé de nous fréquenter jusqu'à sa mort.

Pourtant son manque de chaleur me troublait et je ne pouvais m'empêcher de ressentir un certain manque. J'attendais une sœur de combat ; je découvrais, ai-je écrit un jour, « une entomologiste ». Elle refusait toute approche sensible d'un problème, se barricadait devant la moindre émotion. Sans élan, sans compassion et sans affection pour les personnages de mes grandes affaires qu'elle considérait essentiellement comme des « cas » utiles pour mener un combat. Lors d'une conférence de presse du comité « Pour Djamila Boupacha » qu'elle présidait, j'avais demandé à sa jeune amie, Bianca Lamblin, de lire la lettre du père de Djamila, lui aussi torturé. Son récit était bouleversant, ses énumérations des tortures terribles. Bianca a éclaté en sanglots. Il y a eu un long silence, les journalistes retenaient leur souffle. Simone de Beauvoir a alors arraché la feuille des mains de Bianca et, d'une voix sèche, a terminé le récit, très mécontente de l'incident. Elle ne supportait pas les failles et les démonstrations d'émotions. Plus tard, j'ai à nouveau été surprise par la froideur de sa réaction lorsque je lui ai annoncé, désolée, qu'elle ne rencontrerait pas Djamila pour laquelle elle s'était tant battue, puisque celle-ci venait d'être expédiée manu militari en Algérie. Cela lui était parfaitement indifférent. Djamila n'avait été pour elle que le symbole d'une cause. On pouvait passer à autre chose.

Sartre était bien différent. Lui, je l'aimais comme un père. Et j'ai eu avec lui infiniment plus d'intimité. D'ailleurs, lorsque j'ai eu un problème avec l'un de mes fils, c'est à lui que j'ai demandé conseil. C'était un juste. Un généreux. Un bienveillant. Infiniment respectueux de la pensée des autres. Je suis devenue son avocate après notre rencontre, en 1958, sur cette estrade. Et Dieu sait qu'il en avait besoin ! Pour ses contrats, ses procès, ses impôts, les royalties de ses pièces jouées partout dans le monde sans qu'on lui en paie les droits. Je cherchais à tout prix à le protéger et à lui épargner la moindre tracasserie. Il m'arrivait même de recevoir à sa place un metteur en scène qui rêvait de monter une de ses pièces, un acteur qui le sollicitait. Sa seule obsession était d'écrire. Le reste n'était que broutilles, et il trouvait toujours des excuses à ceux qui pirataient ses textes. Il se fichait de l'argent. Il lui en fallait pourtant car il entretenait plusieurs personnes. J'ai connu sa mère, qui l'appelait « Poulou » et avec qui il a longtemps habité près de l'église de Saint-Germain-des-Prés. Très proche d'elle, il lui donnait du « chère maman ». C'était ainsi… Et nous avons été intégrés, Claude Faux, mon mari, et moi-même, à ce que Simone de Beauvoir appelait « la famille ». Ils venaient souvent dîner à la maison. Claude allait faire le marché – il était toujours en quête du « meilleur » produit – et moi, je préparais un bon tajine ou un couscous. Attention : cela n'était en rien une régression de ma condition de femme. J'étais à la cuisine parce que j'avais choisi de l'être. C'était un plaisir que je m'accordais. Une parenthèse délicieuse hors des prétoires et de mon cabinet. D'ailleurs, je m'y prenais la veille du dîner. Je roulais le couscous à la main et j'attendais que la semoule prenne l'eau et le sel. Je servais aussi à Sartre des pâtes frites dans la poêle, avec l'ail dont il raffolait. On arrosait ça de bons vins. Le Castor et lui dégustaient…

Comment vous, avocate, avez-vous osé signer le fameux « Manifeste des 343 » publié par Le Nouvel Observateur *le 5 avril 1971, dans lequel des femmes célèbres – Catherine Deneuve, Françoise Sagan, Marguerite Duras, Delphine Seyrig, Ariane Mnouchkine, entre autres – déclaraient avoir avorté, donc enfreint la loi ?*

Je n'ai pas hésité une seconde. Ce texte traduisait une revendication de liberté élémentaire et j'étais entièrement solidaire. J'ai foncé. En me téléphonant pour me demander de collecter les signatures de femmes célèbres, Simone de Beauvoir m'avait dit : « Pas vous bien sûr, Gisèle, vous risquez comme avocate des sanctions particulières. » J'ai répondu : « Je m'en fous ! Je signe ! » Et j'ai d'ailleurs été sanctionnée plus tard par un blâme du bâtonnier de l'Ordre des avocats de Paris. Mais quelle importance ? Le texte était court et sobre : « Un million de femmes se font avorter chaque année en France. Elles le font dans des conditions dangereuses en raison de la clandestinité à laquelle elles sont condamnées alors que cette opération, pratiquée sous contrôle médical, est des plus simples. On fait le silence sur ces millions de femmes. Je déclare que je suis l'une d'elles. Je déclare avoir avorté. De même que nous réclamons le libre accès aux moyens anticonceptionnels, nous réclamons l'avortement libre. »

De grands noms de la littérature, du théâtre, du cinéma franchirent le pas. Des noms qui symbolisaient un visage de la culture française et seraient « intouchables ». Simone Signoret, c'est dommage, n'a pas osé signer sous prétexte qu'elle voulait au contraire à tout prix un enfant avec Montand. Comme si c'était la question ! Simone de Beauvoir n'avait jamais avorté et signait pourtant ce texte. Au nom de la cause. Elle a d'ailleurs été si fâchée du comportement de Signoret qu'elle a toujours refusé de la rencontrer malgré son insistance. Mais une fois les « grandes signatures » récoltées, il en fallait d'autres pour prouver l'ampleur de ce mouvement. J'en ai recueilli beaucoup chez de simples militantes de gauche, aux professions modestes, rencontrées dans des meetings politiques.

Et le manifeste eut l'effet escompté : le retentissement fut énorme, y compris à l'étranger. Le sujet sortait enfin de sa clandestinité. *Charlie Hebdo* titra drôlement : « Qui a engrossé les 343 salopes du Manifeste sur l'avortement ? » Le fait est que ces trois cent quarante-trois citoyennes faisaient appel à la conscience publique. Elles avaient enfreint la loi, le proclamaient haut et fort, et réclamaient son abolition. Une femme ne peut être l'esclave de son corps et de la fatalité biologique. Son corps lui appartient, à elle, sujet.

Seulement voilà : les « anonymes », comme elles se désignèrent elles-mêmes, subirent tracas policiers et ennuis professionnels : contrats de travail non reconduits, chantage, opprobre… Elles m'ont donc appelée à la rescousse : « Tes Beauvoir et Deneuve ne risquent rien, mais nous, on va écoper pour tout le monde. Tu nous as fait signer, mais tu n'as rien prévu en cas de pépin ! » Je me sentais responsable. Il fallait les aider. Et c'est ainsi qu'est née Choisir : une association destinée à défendre gratuitement toute personne poursuivie pour avortement.

Et au-delà de ça, exiger la suppression de la loi répressive de 1920 en même temps que l'accès à l'éducation sexuelle et à la contraception.

J'ai appelé Simone de Beauvoir pour lui parler de mon idée : « Je suis avec vous », a-t-elle dit d'emblée. J'ai aussi téléphoné à Jean Rostand, ce merveilleux savant et académicien, qui m'a demandé de venir lui rendre visite dans sa maison de Ville-d'Avray. La lutte des femmes l'intéressait, il voulait être des nôtres. Et je me souviens de sa question-réponse sur le conditionnement des sexes : « Les poupées et les soldats de plomb n'auraient-ils pas presque autant de responsabilité que les hormones dans la différenciation psychique de l'homme et de la femme ? » Nous étions vraiment sur la même longueur d'onde. Il y avait aussi la magnifique Delphine Seyrig avec son phrasé inimitable. Dès qu'elle a entendu parler d'une initiative, elle a sonné chez moi : « Gisèle, je suis à fond avec vous. Je descends tout juste de l'avion, je suis en plein décalage horaire, mais dites-moi ce que je dois faire et je le ferai ! » Il y a eu Christiane

Rochefort, immédiatement partante depuis sa campagne bretonne. Et Françoise Parturier, qui disait : « Je suis entourée de vieux croûtons au *Figaro*. Mais ne vous inquiétez pas, moi, ça ne m'empêchera pas d'y défendre la cause des femmes. » Le nom « Choisir » s'est imposé dès la première réunion à mon cabinet. C'est moi qui l'ai trouvé. Il exprimait au scalpel le droit des femmes à décider de donner la vie ou non. Avec cette idée contenue dans ce poème d'Éluard : « Il ne faut promettre et donner la vie que pour la perpétuer, comme on perpétue une rose en l'encerclant de mains heureuses. » Procréer doit être un choix, notion indissociable de celle de liberté. Et Choisir visait à libérer la femme.

Et puis est arrivé le procès de Bobigny, en 1972. Ou plus précisément l'histoire de Marie-Claire Chevalier, violée à 16 ans et dénoncée par son violeur à la police pour s'être fait avorter. Un cas flagrant d'injustice, de maltraitance et de discrimination sociale. Une affaire révoltante, de bout en bout, avec des protagonistes – la jeune Marie-Claire, sa mère qui l'avait aidée à avorter et trois « complices » – d'une honnêteté, d'une sincérité absolues. Moralement inattaquables. L'exemple parfait pour entreprendre un procès « politique » d'envergure et m'adresser, par-dessus la tête des magistrats, à l'opinion publique et au pays afin de dénoncer la loi. Vous le voyez : mes réticences initiales devant les contraintes de mon serment d'avocat étaient bien justifiées. Il existait des lois ineptes. Mon rôle était d'en faire le procès.

J'ai clairement expliqué mon plan à la jeune fille et à sa mère, poinçonneuse du métro, lucide, méritante, volontaire. Quelque chose de fondamental allait se jouer dans ce tribunal de banlieue où elles étaient assignées. Les accusées ne chercheraient aucunement à nier les faits. Au contraire. Elles les reconnaîtraient, ne s'en excuseraient pas, ne les regretteraient pas. Et d'accusées, elles se feraient accusatrices de la loi de 1920 sanctionnant l'avortement. Choisir prendrait en charge le procès.

J'ai voulu de grands témoins. Simone de Beauvoir, bien sûr. Michel Rocard, Aimé

Césaire. Delphine Seyrig, Françoise Fabian. Mais aussi le professeur Jacques Monod, prix Nobel de médecine qui a tout de suite donné son accord. Son confrère et colauréat du Nobel, le professeur François Jacob, également. Le soutien du professeur Paul Milliez, catholique fervent, était plus compliqué à obtenir. Lorsque je vais le voir, il me déclare d'emblée : « Je suis contre l'avortement. » Alors je ramasse mes affaires : « Dans ces conditions, je ne peux pas vous demander de venir témoigner. » Mais il me rattrape par le manteau au moment où j'ouvre la porte pour repartir. Son visage tourmenté trahit une lutte intérieure. « Restez. Cette affaire est injuste, insupportable. Je ne peux pas l'ignorer, je ne peux pas me dérober. J'irai témoigner à Bobigny. » Je comprends l'effort qu'il fait, sa tension, ses scrupules. Je précise : « Je vous demanderai publiquement, à la barre : "Si Marie-Claire était venue vous consulter, qu'auriez-vous fait ?" » Il me regarde bien en face : « Je l'aurais avortée. » C'est ainsi qu'il est devenu mon témoin capital. J'en étais bouleversée car je mesurais sa déchirure.

Pendant des jours et des nuits, les visages des cinq accusées m'ont hantée. Il fallait gagner. Pour elles et pour toutes les autres. Pour moi aussi qui avais avorté deux fois et allais le dire au tribunal, presque en préalable :

« Monsieur le Président, messieurs du tribunal, il m'échoit aujourd'hui un très rare privilège. Je ressens avec plénitude un parfait accord entre mon métier qui est de plaider, qui est de défendre, et ma condition de femme.

Jamais autant qu'aujourd'hui, je ne me serai sentie à la fois inculpée dans le box et avocate à la barre.

Si notre convenable déontologie prescrit aux avocats le recul nécessaire, la distance d'avec leur client, sans doute n'a-t-elle pas envisagé que les avocates, comme toutes les femmes, pouvaient aussi avorter, qu'elles pouvaient le dire, et qu'elles pouvaient le dire publiquement comme je le fais moi-même aujourd'hui.

J'ai avorté. Je le dis. Messieurs, je suis une avocate qui a transgressé la loi. »

Scandale. J'avais porté atteinte à « l'honneur de la robe » et à « la profession d'avocat ». Avocat ? Pardon ? Chaque fois, il me fallait rectifier : « Je ne suis pas avocat. Je suis avocate. » Sur mes papiers, mes dossiers, mes cartes de visite, j'ai toujours inscrit : *Gisèle Halimi, avocate.* L'Ordre s'est maintes fois offusqué : la loi et les règlements de la profession ne mentionnent que l'avocat. Quel sexisme ! Je suis avocate et ce n'est pas la même chose. C'est le même métier, le même diplôme, mais je prétends qu'une femme ne plaide pas de la même façon qu'un homme. Je ne dis pas qu'elle plaide mieux ou moins bien. Je dis qu'il y a des étincelles provoquées par une sensibilité mêlée à une intelligence différente. Nos parcours et notre expérience de la discrimination nourrissent cette différence. Quand j'entre dans le prétoire, j'emporte ma vie avec moi. Il se trouve que l'avocate qui s'adressait aux juges de Bobigny avait avorté. Cela faisait une différence.

J'étais tombée enceinte à 19 ans. J'étais étudiante à Paris, j'avais suivi dans sa chambre un autre étudiant, peut-être pour défier les interdits familiaux, et voilà que mon corps m'avait trahie. Il me programmait mère, alors que, de toutes mes forces, je me voulais libre. Cela n'avait aucun sens. Quoi ? Un spermatozoïde avait rencontré par hasard un ovule, et j'aurais dû laisser à ce hasard le soin de déterminer toute ma vie ? Et même d'en créer une autre ? Autant me nier moi-même ! La maternité me semblait bien trop fondamentale pour ne pas être l'objet d'un choix responsable. Accidentelle, elle était intolérable. Il fallait l'enrayer. Je me sentais prête à tout pour faire disparaître ce quelque chose de monstrueux qui me prenait le corps, me dérobait ma vie.

Bien sûr, il n'était pas question d'en dire un mot à ma famille. Mon père m'aurait tuée, ou se serait tué, ou aurait fait les deux ou je ne sais quoi encore. Sa fille enceinte et célibataire, c'était tout simplement impossible. Dans le silence et la solitude la plus totale, je me suis donc mise en quête de « l'adresse ». J'ai fini par en trouver une. On m'a mis une sonde. J'ai fait une infection, développé une fièvre de cheval. Grâce à une amie d'ami, j'ai pu être admise d'urgence à l'hôpital. Et tout s'est passé très vite. On m'a fait un curetage à vif. C'est l'un des souvenirs les plus abominables de ma vie. Pas tant à cause de la douleur, pourtant atroce, qu'à cause du sentiment qu'on m'avait volontairement torturée pour sanctionner ma liberté de femme et me rappeler que je dépendais des hommes. J'entends encore la voix mauvaise du jeune médecin sadique qui s'était occupé de moi : « Comme ça, tu ne recommenceras plus. » (Ce en quoi il se trompait.) J'ai beaucoup pleuré cette nuit-là, assise sur un banc de l'hôpital, prostrée, anéantie. J'avais découvert l'oppression sous sa forme la plus barbare. Un traumatisme. Mais je ne regrettais rien. La biologie m'avait tendu un piège. Je l'avais déjoué. Je voulais vivre en harmonie avec mon corps. Pas sous son diktat. Il me semble que c'est à ce moment-là que je suis passée de l'adolescence à l'âge adulte. De l'état de fille rebelle à celui de femme insoumise.

Ce 11 octobre 1972, donc, alors que je plaidais devant le tribunal pour enfants de

Bobigny, j'entendais la foule, à l'extérieur, crier avec Delphine Seyrig « Nous avons toutes avorté ! », « Libérez Marie-Claire ! » ou encore « L'Angleterre pour les riches, la prison pour les pauvres ! ». Ça porte, vous savez. Comme la colère que je ressentais devant ces hommes qui allaient nous juger et qui ne savaient rien de la vie d'une femme. J'ai attendu le verdict, angoissée. Je retrouvais la tension ressentie lors des grands procès politiques lorsque la peine de mort était réclamée contre mes clients. Marie-Claire a finalement été relaxée. Ce fut une joie immense. Restait, trois semaines plus tard, le procès de sa mère, Michèle Chevalier, accusée d'avoir organisé l'avortement, et de ses « complices ». Ce serait plus difficile, je le savais. Et je me demandais comment ces femmes affronteraient l'épreuve, les questions intrusives sur leur vie personnelle, la gêne face aux explications techniques ou sexuelles. Elles ont été parfaites de cohérence et de dignité. Et nos témoins ont été remarquables. Mais il y eut des moments insensés, des répliques grotesques venant des magistrats qui, si elles ne traduisaient pas leur méconnaissance abyssale du sujet, auraient pu prêter à rire. C'est le cas de cet échange entre le président du tribunal et celle qu'on considérait comme « l'avorteuse » :

« Comment avez-vous procédé pour faire l'avortement de Marie-Claire ?

— Monsieur le Président, je suis allée chez elle et je lui ai mis d'abord un spéculum.

— Le spéculum, vous l'avez mis dans la bouche ? »

Affligeant. Une magistrate n'aurait jamais posé une question aussi stupide et d'un tel obscurantisme. C'est d'ailleurs ce qui m'a fait dire, au cours de ma plaidoirie : « Regardez-vous, messieurs, et regardez-nous. Quatre femmes comparaissent devant quatre hommes, pour parler de quoi ? De leur utérus, de leurs maternités, de leurs avortements, de leur exigence d'être physiquement libres… Est-ce que l'injustice ne commence pas là ? »

Mais tout était injuste dans cette histoire. Et notamment la vulnérabilité économique des femmes poursuivies. C'étaient toujours les mêmes qui trinquaient ! En vingt ans de barre, ai-je dit aux juges, je n'avais jamais vu, traduite devant un tribunal pour avortement ou complicité d'avortement, la femme d'un PDG, d'un haut magistrat ou celle d'un ministre. Ni même la maîtresse d'un de ces messieurs. Elles étaient pourtant comme nous : elles tombaient enceintes et elles avortaient. Seulement, elles avortaient dans les meilleures conditions. Elles prenaient discrètement l'avion pour l'Angleterre ou pour la Suisse. Ou étaient accueillies dans une clinique confortable à Paris. Nous avions bien affaire à une justice de classe !

Mais nous avons gagné. Le jugement a consacré l'éclatement de la loi de 1920, et la médiatisation énorme du procès a rompu le tabou lié à l'avortement. Fini, le pacte du silence.

Le verdict de Bobigny a fait la une de nombreux quotidiens. Les radios, les chaînes de télévision, les journaux… Tous les médias se sont emparés du sujet et cela a déclenché un torrent de courrier. Des femmes nous écrivaient de partout. Pour nous soutenir, nous féliciter, rejoindre le combat. Elles l'avaient déjà fait, abondamment, dans les jours précédant le procès. Les greffes de Bobigny avaient été submergés de pétitions, lettres et télégrammes exigeant la relaxe de Michèle Chevalier et de ses co-inculpées. Cette fois, elles voulaient entrer dans la bataille. Et demander notre aide aussi. Vous n'imaginez pas la foule se pressant dans l'escalier menant à mon cabinet dans les semaines qui ont suivi le verdict. Des femmes se présentaient spontanément, croyant qu'on était capables d'organiser nous-mêmes des avortements ou de fournir des adresses. Il y avait une file d'attente telle que les voisins se sont plaints.

Mais nous voulions capitaliser sur le succès de Bobigny pour faire avancer nos pions. Alors Choisir la cause des femmes a pris la décision – illégale – de publier la sténotypie intégrale du procès. Une première dans l'histoire de la justice. Mais après tout, ce procès n'était-il pas historique ? Tout le monde devait savoir ce qui s'y était dit, des témoignages les plus durs, les plus crus, sur le désarroi d'une jeune fille enceinte malgré elle et sans le sou, jusqu'aux questions stupides, ignorantes, décalées de la magistrature. Gallimard a sorti l'ouvrage en moins d'un mois, et dans une édition populaire qui mettait son prix à portée de tous. Les militantes se sont organisées. En quelques semaines, elles en avaient vendu plus de trente mille exemplaires. Les politiques ne pouvaient plus ignorer la question. L'élection présidentielle de 1974 approchait. Tout le monde s'accordait à trouver la législation de 1920 dépassée. Même le gouvernement Messmer s'est mis à travailler sur un texte a minima. La preuve que notre bataille avait porté ses fruits. Sans perdre de temps, nous avons travaillé à une vraie proposition de loi.

Quant à Michèle Chevalier, la poinçonneuse du métro, mère célibataire de trois filles, elle a continué à me bluffer. Nous avons été invitées à New York par des féministes américaines, fascinées par le procès de Bobigny. Elle a pris un congé de la RATP et elle est venue avec moi, accueillie et logée par des militantes. Elle n'avait jamais pris l'avion, jamais voyagé, et elle découvrait, ravie mais la tête bien posée sur les épaules, sa nouvelle notoriété. Il y eut un grand meeting au City Hall Park de Manhattan. Des femmes sont montées sur scène pour nous présenter. Et la parole a été donnée à Michèle, invitée d'honneur. « Je ne sais pas parler, a-t-elle dit. Mais je vais vous raconter ma vie… » Et ce fut formidable. Quand on prend la responsabilité de transformer un procès en « cause », il faut des protagonistes d'une qualité exceptionnelle. Dans le cas de Bobigny où l'on soutenait la liberté d'avorter, l'intégrité et le courage de Michèle Chevalier furent mon meilleur atout.

Les adhésions à Choisir la cause des femmes ont explosé. D'août à novembre 1972, nous sommes passés de trois cents à deux mille adhérents. Il a fallu créer des comités en province, voyager, répondre à mille demandes de colloques, de débats. À Paris, nous nous réunissions le dimanche dans mon cabinet. Et c'était flamboyant ! Il y avait quelque chose de jubilatoire à se retrouver entre femmes et à sentir que l'on pouvait parler en toute liberté. Ce n'est pas si fréquent. Au début, nous avions accepté la présence d'hommes. Mais c'était une erreur. Certaines femmes s'autocensuraient, craignant leur jugement, leur incompréhension, leur ignorance de nos maux de femmes. Après tout, on parlait de nos ventres. Que pouvaient-ils savoir ? Alors on s'est mises d'accord pour rester entre nous. Et la force, la sincérité, la profondeur des témoignages de vie m'ont bouleversée. La honte avait disparu. Les mots trouvaient leur chemin pour exprimer les désarrois, les souffrances ou les colères les plus intimes. Ce que vivent les femmes apparaissait dans toute sa crudité et j'avais l'impression que nous nous tenions toutes la main. Même condition, même lutte, même langage. Mais il y avait aussi des moments de gaieté absolue. Des fous rires, des anecdotes cocasses, des envies de faire cuire des pâtes à minuit parce qu'on ne voulait pas se quitter et qu'on avait des idées, des tonnes d'idées…

Quand Giscard d'Estaing est arrivé au pouvoir, avec sa promesse de libéraliser l'avortement, rien n'était acquis. Sa majorité ne voulait pas de cette loi, il devrait jouer malin. Et le choix de Simone Veil fut une idée géniale. Elle a été formidable. J'ai toujours pensé que Giscard était le plus féministe de nos présidents. En tout cas plus que Mitterrand qui ne pensait aux femmes que pour des calculs purement électoralistes et chez qui j'ai toujours senti du Sacha Guitry. Choisir et moi-même avons donc tout de suite décidé d'aider Simone Veil. On a organisé de nombreuses séances de travail, on s'est échangé des textes (je militais bien sûr pour le remboursement de l'avortement). Son côté bourgeois et classique me déconcertait. Mais ses yeux étaient si clairs, si limpides… Nous étions sans nul doute du même bord, c'est-à-dire du côté des femmes. Aucune envie de s'opposer l'une à l'autre. Au contraire. Besoin de nous épauler. J'ai vu grandir son féminisme. Elle m'invitait à déjeuner chez elle, place Vauban, et n'hésitait pas à chasser son mari pour qu'on puisse papoter tranquillement : « Antoine, tu nous gênes ! » Ou bien elle m'emmenait en virée dans sa voiture avec chauffeur à la recherche d'un bistrot moche et bien planqué où elle pourrait fumer sans être reconnue… car elle était ministre de la Santé et venait de lancer une campagne antitabac. On buvait un verre de vin en s'amusant à passer en revue le gouvernement ou en évoquant nos maris et nos fils. Trois, toutes les deux. Pas banal ! Contrairement à moi, elle ne regrettait pas de ne pas avoir eu de fille.

5

Une féministe en politique

Quand avez-vous ressenti la tentation de la politique et du pouvoir ? Est-ce né d'une prise de conscience des limites du métier d'avocate pour changer la vie des êtres – notamment des femmes – et d'une conviction que le vrai pouvoir était entre les mains du législateur ?

Si j'avais choisi d'étudier le droit, c'est parce que je savais que les lois, élaborées par les représentants du peuple, pouvaient changer mon avenir et celui de tous les opprimés. À condition que les femmes participent à leur écriture. C'était pour moi une évidence. Il fallait qu'elles en soient. En masse. Je dis bien en masse. Elles devraient donc forcer les digues.

Mais le féminisme des années 1960-1970 se défiait du système politique. Il était principalement concentré sur la revendication de libertés élémentaires : contraception, lutte contre le viol, égalité professionnelle, etc. Nous avions de grands combats sociétaux et, si étrange que cela puisse paraître, la place des femmes en politique, aux niveaux décisionnels (mairies, régions, Parlement), ne mobilisait ni les théoriciennes – comme Simone de Beauvoir – ni les militantes du mouvement des femmes. Il régnait alors, chez les militantes de gauche, une sorte d'orthodoxie marxiste qui niait la particularité de la discrimination subie par les femmes et condamnait toute exigence de combat séparé. De la libération du prolétariat viendrait nécessairement celle de la femme… Quant aux féministes américaines qui avaient une réelle influence sur certains de nos groupes, elles rejetaient violemment toute proximité du pouvoir politique masculin. Peu importait d'ailleurs qu'il soit de droite ou de gauche. La « chose » était repoussante, synonyme de domination et d'oppression (sexe, classe, race), et portait les stigmates de tous les péchés du monde. Bref, les femmes n'avaient rien à gagner dans la conquête des miettes du « festin patriarcal ». Et tout à perdre à « fricoter » avec « la politique des mecs ».

Mais moi, je brûlais d'avancer. La fin du conflit et l'indépendance algérienne me donnaient des envies d'action forte pour la cause des femmes. Il y avait tant de choses à changer, d'archaïsmes à combattre, d'injustices à réparer. Il fallait s'attaquer à de grands dossiers et changer les lois. Combien de fois un président de tribunal ne m'avait-il pas lancé : « Mais enfin, maître, ce n'est pas moi qui fais la loi ! Si vous la contestez, adressez-vous aux députés ! En attendant, il nous faut tous l'appliquer ! » La politique, donc… Je ne théorisais pas encore les liens entre action politique et action féministe, mais j'étais persuadée que les mener de front doublerait leurs avancées respectives. Il n'était cependant pas question que j'adhère à un parti, fût-il proche de mes aspirations. Mon indépendance, ma farouche liberté étaient sacrées.

Et puis voilà qu'un jour une proche de Mitterrand, le challenger de De Gaulle lors de la présidentielle de 1965, m'a informée que son mentor souhaitait que je me présente aux législatives de 1967. Moi, la féministe, l'avocate de Djamila Boupacha et du FLN. J'ai été stupéfaite et un peu prise de court. Était-ce raisonnable ? Mon cabinet d'avocats, de plus en plus sollicité, n'était pas encore bien rodé ; il me fallait effectuer quelques voyages à Alger pour des consultations juridiques ; et j'étais la maman constamment angoissée de trois garçons dont le plus jeune, Emmanuel, n'avait pas encore 3 ans... Mais Mitterrand s'est montré convaincant. J'étais de gauche, je souhaitais de toutes mes forces la mise en œuvre d'une autre politique que celle de la droite gaulliste, je devais entrer dans l'arène. Il était temps que les femmes sortent de la contradiction entre un discours volontariste et le refus de passer aux actes. Je me suis donc lancée dans la bataille, dans le 15e arrondissement de Paris, totalement novice en matière de meetings, de marchés, de discours sous les préaux d'école, mais soutenue par un groupe d'intellectuels et amis parmi lesquels Henri Cartier-Bresson qui me suivait partout, son petit Leica à la main, et assistée d'un directeur de campagne exceptionnel : Claude Faux, mon mari, indéfectible et délicieux compagnon de combat. Ce fut grisant, bouillonnant d'enthousiasme et d'idées. Une sorte de galop d'essai qui s'est certes soldé par une défaite au soir du 5 mars 1967, mais qui m'a galvanisée. Ma soif de convaincre sur une très large échelle s'en trouvait renforcée.

Dix ans plus tard, les élections législatives de 1978 m'offrirent une nouvelle aventure, autrement fantastique. Le mouvement Choisir décida de présenter sous son bandeau une multitude de candidatures féminines, armées d'un slogan choc : « 100 femmes pour les femmes ». Du jamais-vu en France, un tournant dans l'histoire du féminisme. Aucun parti politique n'avait daigné répondre positivement à notre demande d'attribution de circonscriptions ? Très bien ! Nous n'avions pas besoin d'eux. Nous irions seules à la bataille, armées de nos convictions, de notre solidarité et d'un « programme commun des femmes » publié dans un livre de trois cent soixante-quatre pages et comportant une douzaine de propositions de loi. De la belle ouvrage ! Un travail considérable auquel soixante-treize femmes avaient collaboré : sociologues, médecins, professeures, avocates, femmes au foyer, syndicalistes. Une lectrice d'aujourd'hui serait surprise de son audace, de son humour (car les femmes ensemble sont très drôles), mais surtout de son retentissement dans la pratique politique de la décennie suivante et de son actualité.

Nous avions peu de moyens ? Et alors ? Des artistes nous aidèrent : les peintres Roberto Matta et Leonor Fini, l'humoriste Guy Bedos, le comédien Bernard Haller, les romancières Christiane Rochefort et Françoise Mallet-Joris, les chanteuses Juliette Gréco et Marie-Paule Belle. Claire Bretécher envoya un chèque avec un joli dessin pour Choisir et ces quelques mots : « Voilà un peu de "fraîche" pour la campagne des gamines… Vous êtes le seul réconfort de ces élections lamentables ! » Une multitude de petites souscriptions individuelles nous parvinrent, accompagnées de messages d'espoir et d'applaudissements aux revendications inscrites sur notre affiche-programme. Comme par exemple : « Renoncer à la construction d'un Concorde pour cinq cent mille places de crèche et trente mille emplois nouveaux. » Nos slogans faisaient mouche : « La politique est chose trop sérieuse pour être laissée aux seuls hommes. »

Quelle campagne ! Baroque, créative, généreuse. Un « non-professionnalisme » de la politique parfaitement assumé. Et des candidates au discours modeste, non formaté, la sincérité à fleur de peau. Leur profil type ? 39 ans, deux enfants, en couple ou divorcées, indépendantes économiquement et travaillant dans le secteur tertiaire. Très éloigné des caricatures de pétroleuses ou de frustrées brandies contre Choisir. « Quel but poursuivez-vous en vous présentant aux élections ? » nous demandait-on sans cesse. La question sous-entendait que nos chances d'être élues étaient nulles et qu'il y avait forcément un autre dessein. Mais donner enfin la parole aux femmes n'était-il pas en soi un objectif ? Comme démontrer que l'éligibilité de cent femmes ne relevait pas du mythe ? Et qu'il était urgent qu'un programme en faveur des femmes, et porté par des femmes, compense les grands déséquilibres ? « L'avenir boitera s'il n'est construit que de mains d'hommes et d'attentes de femmes », ai-je insisté en exposant à la presse notre démarche.

Sur les murs, notre affichage sauvage est vite devenu une cible prioritaire. Des graffitis – « Salope » et autres obscénités – ont barbouillé le visage des candidates de Choisir. Ceux de l'extrême droite se distinguaient par une tonalité résolument raciste : « Gisèle Ben Halimi », ou « Choisir = assassins de la race blanche ». L'accueil des médias fut davantage bienveillant. Tout cela était si nouveau ! Et nos candidates si fraîches par rapport aux bretteurs traditionnels de la politique. Certaines répondaient aux questions, leurs mômes sur les genoux. Comment ne pas noter qu'il se passait décidément quelque chose dans la société française ? « Les femmes vont-elles changer le monde ou les élections ? » a titré *Libération*. Mais les journaux français nous ont assez vite délaissées pour retourner vers les bons vieux partis traditionnels. En revanche, les télévisions du monde entier (États-Unis, Brésil, Allemagne, Italie, Scandinavie, Japon) ont continué à nous suivre de ville en ville, avec un enthousiasme incroyable. Je négligeais ma propre circonscription à Paris pour courir de Montpellier à Clermont-de-l'Oise, du Havre à Toulouse, de Marseille à Saint-Étienne, de Pau à Nantes, Niort et Bordeaux... J'allais soutenir nos kamikazes qui, chaque fois, me bluffaient. Le public faisait preuve d'une qualité d'écoute que je n'avais jamais rencontrée dans une autre aventure électorale. Des tranches de vie se racontaient, loin des harangues traditionnelles. Des liens se tissaient, des épreuves se partageaient. Le débat était neuf, comme l'étaient l'émotion, le langage, l'engagement. « Faites que cette espérance que les femmes ont créée dans le pays – et c'est irréversible – soit, dimanche, un moment de vie réelle dans notre démocratie. Osez voter femme ! » ai-je lancé le soir de clôture de la campagne, avant une farandole débridée sur des rythmes de samba. Comme ce fut joyeux ! Unique ! Je crois que je n'ai jamais retrouvé une telle liberté, un bonheur aussi autonome, une telle joie d'exister. En cette aube étincelante du 11 mars 1978, la griserie était telle que nous pensions toutes être élues… Aucune ne le fut. Avec une moyenne de 1,45 % des suffrages, Choisir fut éliminé dès le premier tour. Nous avions surpris, intéressé, séduit. Mais ce n'était pas suffisant. L'idéologie du « vote utile » avait pris le dessus. Et l'électeur, comme l'électrice, avait cédé aux démons misogynes de la Révolution de 1789 qui avait émancipé le citoyen… tout en décrétant la citoyenne inapte à la politique.

Cela ne vous a pas empêchée de représenter votre candidature, trois ans plus tard, en juin 1981, à l'Assemblée nationale. Pourquoi cette obstination, vous qui étiez si passionnée par votre métier d'avocate, jouissiez d'une notoriété considérable, libre de n'accepter que les affaires et les causes qui vous tenaient à cœur, régulièrement invitée à l'étranger ? En somme, qu'alliez-vous faire dans cette galère ?

L'image de la galère est assez juste… Car j'ai beaucoup déchanté. La politique s'est révélée un univers impitoyable pour une femme attachée à son indépendance et sa liberté. On a tenté de me ligoter, de me bâillonner, de me mettre au pas. Je me suis cabrée, parfaitement indomptable. Et j'ai fini par jeter l'éponge. Isolée, hors parti, je n'avais aucune chance d'imposer ma différence dans un univers si machiste.

J'y avais pourtant cru. À l'issue de l'élection de Mitterrand, pour lequel Choisir avait appelé à voter, seul le Parti socialiste consentit à nous offrir une circonscription. Une seule, contrairement à la promesse plus généreuse du candidat Mitterrand. Première déception. Mais l'élection, cette fois, semblait à portée de main, boostée par la dynamique de la vague rose, et avec elle, l'occasion de concilier mes deux engagements viscéraux : le féminisme et la gauche. On m'a parachutée dans l'Isère, avec la bénédiction de Mitterrand qui m'avait chuchoté, mystérieux : « Dépêchez-vous de vous faire élire. À Paris, j'aurai besoin de vous… vous comprenez ? » J'ai relevé le défi avec rage. Je voulais être élue, c'est vrai. De toutes mes forces.

Mon histoire personnelle n'y était pas pour rien. Participer à l'aventure du pouvoir compensait un manque, effaçait un vice caché, un défaut de fabrication dénoncé quelquefois par l'extrême droite : j'étais née étrangère. Et puis il y avait un goût de revanche contre la naissance, la pauvreté, l'inculture d'un milieu, la malchance d'être née fille dans une société qui en faisait des sous-sujets. Être élue d'un peuple dont je n'étais qu'un avatar tunisien, « faire » la loi d'une République que je vénérais depuis l'enfance, réparait toutes les humiliations passées. Je pensais à Victor Hugo, tant lu à l'adolescence : « Ceux qui vivent, ce sont ceux qui luttent ; ce sont ceux dont un dessein ferme emplit l'âme et le front... » Et j'imaginais mon père, mort en 1976, me sourire, ébloui par mon titre de députée : « *Ya benti* (oh, ma fille), quel honneur pour notre famille ! » Oui, ce serait assurément un honneur d'être la première voix féministe à entrer à l'Assemblée nationale.

Je garde du premier jour de mon arrivée dans l'hémicycle du Palais Bourbon, le 2 juillet 1981, une image saisissante : une marée d'hommes en costumes sombres ont envahi les bancs, d'où émergeaient çà et là quelques femmes isolées en tailleurs colorés. Quel malaise ! C'était l'exposition implacable du mensonge de la République qui proclamait l'égalité démocratique entre les hommes et les femmes mais confisquait entre les mains des premiers l'outil du pouvoir. Les chiffres étaient éloquents : vingt-huit femmes, 5,7 % des députés. En 1945, après l'ordonnance qui les fit « électrices et éligibles dans les mêmes conditions que les hommes », elles étaient trente-trois…

Alors j'ai décidé, ce premier jour, de prendre une initiative. Il n'était pas acceptable que l'avenir du pays se construise sans les femmes. C'était un des plus graves dysfonctionnements de notre démocratie. J'ai travaillé à un texte qui pourrait réunir un consensus de tous les partis, à l'Assemblée comme au Sénat, et qui stipulait, s'agissant des élections municipales : « Les listes de candidats ne peuvent comporter plus de 75 % de personnes du même sexe. » Au moins 25 % de femmes devraient ainsi figurer sur les listes électorales. C'était un minimum, bien sûr. Je visais en fait la parité, seul moyen de garantir le partage égal du pouvoir entre hommes et femmes. Mais il fallait jouer rusé, ne pas effaroucher davantage cette assemblée machiste qui, chaque fois que j'employais le mot de féminisme, lançait toutes sortes de quolibets, imaginant des soutiens-gorge brûlés et des hommes émasculés, sur fond de fureur, de désordre. Après moult débats houleux, elle finit pourtant par se résigner, songeant sans doute à son électorat composé à 53 % de femmes. Et le texte fut adopté à la quasi-unanimité du Parlement… avant d'être annulé par le Conseil constitutionnel, masculin à 100 % et réputé à l'époque pour son conservatisme et sa misogynie. Exit le quota. Les politiques, Mitterrand en tête, en furent soulagés. Il faudra qu'on révise la Constitution, en 1999, pour que des lois puissent recommander l'égal accès des hommes et des femmes aux fonctions électives. Moi, je ne pouvais m'empêcher de me rappeler les commandements de Rousseau à Sophie, dans l'*Émile*, dont est encore pétrie notre vieille culture : « La dignité d'une femme est de rester inconnue », car « elle doit se borner au gouvernement domestique ».

Mais ce ne fut qu'une de mes nombreuses déconvenues. Mon refus d'adhérer au Parti socialiste faisait de moi une « apparentée » très isolée et, à dire vrai, une sous-députée. Ma liberté de féministe primant sur toute autre considération, mon maniement se révélait difficile et le président du groupe socialiste, Pierre Joxe, m'a mené une guerre inflexible. « Halimi, il faut la brider, elle est imprévisible. » On m'a paralysée, privée de temps de parole en séance publique, refusé la responsabilité de rapports. Je travaillais pourtant. J'adorais mon boulot de députée sur le terrain en Isère. C'est à Paris que je me sentais asphyxiée, moquée les rares fois où je pouvais monter à la tribune – ma robe, ma voix, mon allure, tout était prétexte à railleries – et je me désolais de ne pouvoir jouer le rôle dont j'avais rêvé. Mais je m'acharnais.

Durant mon mandat, j'ai rédigé et déposé une dizaine de propositions de loi pour accroître les droits des femmes et améliorer leur vie. J'avais déjà, par ma proposition de remboursement de l'IVG, amené le groupe socialiste puis le gouvernement à faire voter cette loi. Mais j'ai aussi suggéré d'interdire les enquêtes de moralité sur la victime d'un viol, et toute incitation au sexisme dans les publications pour la jeunesse. J'ai proposé le droit, pour la femme, de transmettre son nom, la création d'un fonds de garantie pour les pensions alimentaires, le congé parental alterné et rémunéré, toutes choses auxquelles nous avions réfléchi au sein de Choisir. Aucune de ces propositions ne fut inscrite à l'ordre du jour ni donc discutée. Le groupe socialiste, hégémonique à l'époque, aurait pu le décider. Il préféra renvoyer certaines des suggestions de Choisir au ministère des Droits des femmes qui, ainsi, auréola le gouvernement – et Mitterrand – d'une volonté féministe. J'ai été totalement marginalisée.

Ah si ! J'ai quand même pu dépoussiérer le serment des avocats qui m'avait tant posé problème lors de ma prestation à Tunis, en 1949. Je me suis fait ce plaisir personnel alors que j'étais chargée du rapport sur les délits d'audience commis par les avocats. Finies, les marques de sujétion ou de crainte révérencielle à l'égard des autorités publiques, des tribunaux, ou des bonnes mœurs. Désormais le serment se limiterait à une phrase : « Je jure, comme avocat, d'exercer la défense et le conseil avec dignité, conscience, indépendance et humanité. » Ces critères nous engageaient sur le fond de notre éthique. Ils laissaient entière notre liberté critique à l'égard du pouvoir, des conventions, etc. Une loi de 1990 ajoutera l'exigence de probité. Signe des temps… J'ai aussi obtenu d'être rapporteuse de la proposition de loi qui supprimait le délit d'homosexualité. Il faut dire que les candidats ne se battaient pas sur ce sujet. Mais enfin, l'intrusion de l'État dans la vie amoureuse des individus me semblait aussi absurde qu'incompréhensible et je me suis saisie du problème avec fougue, plaidant à la tribune pour la suppression de toute discrimination en droit pénal des homosexuels, et donc du délit. Un ancien garde des Sceaux m'accusa de vouloir faire de la France un lieu de « partouze générale ». Vous imaginez ? Nous revenons décidément de très loin.

François Mitterrand, quant à lui, me recevait et m'écoutait poliment, mais il ne m'a été d'aucun soutien. Et je ne me faisais aucune illusion sur son féminisme. Il appartenait à la vieille garde des politiciens et entretenait avec les femmes des rapports de séduction et de galanterie empreints de paternalisme vieux jeu. Aucune sensibilité sur les inégalités hommes-femmes, aucun élan sincère pour accorder à ces dernières plus d'attention et de responsabilités. À quelques exceptions près, il n'a d'ailleurs promu des femmes qu'après s'être assuré de leur inconditionnalité. Contrairement à Valéry Giscard d'Estaing, il était profondément contre l'avortement et, malgré ses promesses, a même retardé comme il l'a pu la loi autorisant son remboursement. Il avait évolué, bien sûr, il avait su habilement composer avec les exigences de liberté des femmes, ne fût-ce que pour drainer vers lui les courants féministes. Mais il était bien trop éloigné de nos pensées, de nos révoltes, de notre sensibilité pour être un véritable compagnon de route.

Après une énième humiliation, une réprimande de Pierre Joxe m'accusant de faire « la forte tête » – il pensait : « Quelle emmerdeuse ! » –, j'ai donc décidé de quitter l'Assemblée. Y siéger n'avait plus aucun sens, je devais reprendre ma liberté et retourner dans ma vie. Je ne voulais pas créer de scandale en démissionnant et en provoquant des élections que la gauche aurait perdues. Alors je suis partie sur la pointe des pieds, confiant ma circonscription à mon suppléant et acceptant pour six mois une mission confiée par le Quai d'Orsay pour enquêter sur la crise des organisations internationales. Enquête passionnante, d'ailleurs. Mon mandat de députée avait duré trois ans, deux mois et dix-neuf jours.

« Mais que vais-je faire de vous ? » m'a demandé Mitterrand en me recevant une dernière fois à l'Élysée. La direction d'une banque ? Une ambassade ? Pourquoi pas New Delhi ?... Il faisait semblant de réfléchir et je touchais du doigt la toute-puissance du chef de l'État. Nommer, dé-nommer, re-nommer, gratifier… tout cela relevait de son pouvoir et de son bon plaisir. Le fait du prince. Le moins que l'on puisse dire est qu'il n'en a pas abusé pour promouvoir les femmes ! Finalement, c'est à La Havane, où je me trouvais en mars 1985 pour participer à la Journée des femmes et négocier avec Fidel Castro la sortie d'un de ses opposants, que j'ai appris ma nomination comme ambassadrice de France auprès de l'UNESCO…

Mais je suis vite revenue à ce métier d'avocate auquel j'étais liée de façon viscérale. La justice avait toujours été ma façon d'exister. Mon oxygène. J'étais donc heureuse de retrouver le chemin des prétoires, parallèlement à nos réunions de Choisir, bien sûr. Elles étaient plus ardentes et plus créatives que jamais, agitées par les grands débats de l'époque : prostitution, violences, « mères d'accueil » ou « location de ventres », parité… Et puis Europe. Eh oui, l'Europe des femmes.

Dès 1979, année de la première élection du Parlement européen au suffrage universel, dont Simone Veil fut la présidente, j'avais placé beaucoup d'espoir dans la création d'une Europe des peuples et non plus simplement des États. À condition que les femmes y prennent leur part de responsabilités. Et à condition que cette union des citoyennes les tire vers le haut : toutes les Européennes devraient bénéficier de ce qui se ferait de mieux, de plus progressiste, de plus féministe en matière de législation les concernant. La meilleure loi en vigueur dans un des pays de la Communauté devrait s'appliquer à tous les autres. C'était ça, l'union idéale. J'appelais ce projet politique « la clause de l'Européenne la plus favorisée ». Il fallait aller de l'avant, oser rêver l'Europe. La construire avec un idéal et faire en sorte qu'elle améliore la vie de tous. « Je ne veux pas comprendre l'Europe, je veux la changer », ai-je d'ailleurs titré mon édito dans la revue *Choisir la cause des femmes* en mai-juin 1979. Oui, je voulais bousculer les choses !

Hélas, il a fallu délaisser ce projet pour d'autres combats plus urgents et je me suis rendu compte après coup que l'illusion des avancées féministes de la gauche au pouvoir nous avait fait perdre du temps. Ce n'est qu'en 2005, après le séisme du « non » au traité constitutionnel européen, que Choisir a décidé de reprendre l'initiative et d'imaginer une Europe plus égalitaire et bienveillante envers les femmes. Une Europe dans laquelle toutes gagneraient et à laquelle nous dirions enfin « oui ».

L'idée ? Très simple ! Il s'agissait de « visiter », dans les vingt-sept pays membres, les lois concernant spécifiquement les femmes : dans leurs choix privés (procréation, avortement, mariage, divorce), leur travail (formation, rémunération, carrière, retraite), leur participation au pouvoir politique (parité), et les différentes formes de violence qu'elles pouvaient subir (conjugales, viols, prostitution). Ensuite, il fallait moissonner, c'est-à-dire retenir dans tel pays ou tel autre la loi qui apparaissait comme nettement en progrès par rapport au reste de l'Europe. Si une loi se révélait bénéfique pour les Espagnoles, pourquoi ne le serait-elle pas pour les Italiennes ? Si elle prospérait en Suède, pourquoi pas aux Pays-Bas ou en France ? Et dans toute l'Europe ? Un objectif : unir, par le droit, les femmes aux femmes. Instaurer un droit européen unique – et le meilleur – pour elles. Cimenter vers le haut dans une dynamique de progrès. C'est ainsi que je voyais l'avenir européen.

Ce fut incroyablement mobilisateur. Un pur bonheur féministe. En quelques jours, une équipe s'est formée au sein de Choisir. Une équipe soudée, joyeuse, décidée à provoquer un bond en avant pour toutes les Européennes. Un sang jeune, neuf et de grande qualité : avocates, juristes, enseignantes, syndicalistes, informaticiennes, sociologues. Peu importait leur métier et leur vie privée, elles se débrouillaient pour se libérer le week-end et nous rejoindre à mon cabinet de la rue Saint-Dominique. Nous déjeunions ensemble en devisant sur notre « clause », les vertus de la législation espagnole pour lutter contre les violences conjugales, l'intelligence du système danois en matière d'éducation sexuelle, le choix de l'Estonie en matière d'autorité parentale et celui de la Suède sur la prostitution. Cela n'empêchait pas les échanges sur la recette de la tarte aux poivrons de Barbara, sur celle de ma mousse au chocolat (que j'ai toujours refusé de dévoiler) ou sur les mérites d'un vin de Bourgogne apporté par Odile. Pour être féministes, on n'en goûtait pas moins les nourritures terrestres…

Nos séminaires de travail et nos agapes continuaient même l'été où j'accueillais tout le monde dans ma maison de la Drôme, noyée dans la verdure. Quel plaisir ! Ça discutait, s'engueulait, s'enthousiasmait devant lois, tableaux, rapports. Nous travaillions longuement puis nous partions faire une grande balade ou nous plongions dans la piscine, heureuses de nos découvertes et des avancées. Violaine Lucas était la coordinatrice et, après trois années de labeur et trois étés festifs, nous avons publié un livre en 2008 – *La Clause de l'Européenne la plus favorisée* – et organisé à Paris un colloque international. Certains ont parlé d'utopie. Beaucoup ont soulevé la difficulté de trouver la procédure adéquate pour faire adopter une telle clause par les vingt-sept. Moi je crois en la volonté politique.

Peut-on encore accepter qu'en Europe, aujourd'hui, toutes les femmes n'aient pas accès à l'avortement, au péril de leur santé et parfois de leur vie ? Peut-on tolérer qu'en Europe, une femme sur trois soit victime de violences physiques ou sexuelles ? Doit-on admettre comme une fatalité que les travailleurs pauvres – qui sont surtout des travailleuses pauvres – soient abandonnés à la misère ? À toutes ces questions, je réponds non. Au contraire ! Il faut revendiquer le meilleur pour toutes. Si l'Espagne s'est dotée d'un congé paternité de huit semaines rémunéré à 100 % qui permettra au père de s'impliquer dans le soin du nouveau-né à égalité avec la mère, les autres États peuvent aussi le faire, sachant qu'une loi qui bénéficie à l'émancipation des femmes bénéficie à l'ensemble de la société. Cette harmonisation par le haut, que défend notre clause, serait non seulement un puissant levier de progrès pour les femmes, mais également une protection face aux politiques d'austérité qui les affectent majoritairement. C'est un projet global qui donne tout son sens à la citoyenneté européenne. Une chose est sûre : l'Europe ne se fera pas sans les femmes. Mais de l'avenir des femmes peut naître celui de l'Europe.

6

Avocate, toujours

Cela fait plus de soixante-dix ans que vous avez prêté serment. Mais au bas de votre immeuble figure toujours la plaque indiquant le cabinet de maître Gisèle Halimi, et au quatrième étage, suspendue à un cintre, prête à servir, la robe d'avocate, portée devant les tribunaux d'Alger, Bobigny, Aix, Paris…

Ma robe « fétiche » ! Achetée à Paris en 1949 et dans laquelle je me suis toujours sentie protégée. J'y tiens, vous savez ! Elle a subi mille et un raccommodages et rapiéçages. Mille et une coutures pour reconstruire les boutonnières régulièrement déchirées par ce tic qui, lors des attentes interminables de délibérés, me fait triturer les onze petits boutons de nacre noire. Je boutonne et déboutonne, sans pouvoir m'arrêter. Je suis anxieuse. Je pense à mes clients. Je revisite ma plaidoirie. Et je doute. Ai-je été convaincante ? Ai-je su accrocher l'attention des juges ou des jurés comme je tente de le faire en les regardant un à un, ou en me concentrant particulièrement sur celui que je perçois sceptique ou absent ? J'ai tout donné. Je veux l'emporter. Mais l'issue du procès m'échappe. Et je m'en prends aux boutons…

Je n'ai jamais raconté les nuits d'avant procès. Les nuits blanches, devrais-je dire, suivies des aubes angoissées où je bois café sur café. Je « possède » mon dossier, je l'ai travaillé jusque dans les moindres détails. Probablement ai-je pris le temps, la veille, de faire une longue marche au hasard des rues ou à travers le Champ-de-Mars. Imperméable aux bruits de la ville et concentrée sur l'affaire : prouver l'innocence ou présenter une culpabilité « humaine », celle à qui nul n'aurait échappé dans les mêmes circonstances. Exposer – toujours – l'irréductible noyau d'humanité que porte quiconque, serait-ce un criminel. Exercice passionnant, presque une jouissance. Celui qui ignore cet étrange bonheur qui mêle, en un nœud permanent, une petite douleur au creux de l'estomac à l'excitation d'une argumentation triomphante ne connaît rien au métier d'avocat pénaliste.

Et puis il y a le moment de la plaidoirie. Chaque fois l'aventure. Un de mes professeurs à la fac de droit, Henry Solus, qui mimait devant ses étudiants l'art de plaider, préconisait l'improvisation. « Préparez des notes, mais arrivez à la barre sans un papier. Présentez-vous nu comme un ver ! » De fait, je n'ai jamais écrit ni répété mes plaidoiries. Je prépare des petites fiches sur lesquelles je note une phrase, une date, un lieu, un détail clé dont je dois me souvenir. Quelques éléments décousus que personne d'autre que moi ne saurait déchiffrer. Et je me lance, décidée à ferrer mes interlocuteurs avant de les emporter dans une démonstration implacable. Pas de plan : grand 1, grand 2, grand 3. Un plongeon dans l'inconnu, forte de mon travail, de mes connaissances, de mes convictions. De ma culture aussi ; c'est ce qui fait, je crois, la beauté et la force de certaines plaidoiries capables d'entraîner l'auditoire bien au-delà des faits jugés. Et puis portée par ma responsabilité : si je réussis, je sauve quelqu'un, et, parfois, je fais aussi avancer une cause. Mais si je rate…

La justice a été la grande affaire de ma vie. Il m'arrive même de parler de « ma » justice pour évoquer la quasi-fusion avec un monde dans lequel j'avais décidé de vivre. Je n'ai cessé de l'interroger, la confronter, la bousculer et lui demander des comptes, dans un tête-à-tête singulier et intime. J'avais placé en elle tant d'espoir ! Tant d'exigence ! L'entêtement en bandoulière, l'irrespect comme instrument. Sur cet engagement quasi mystique s'est bien sûr greffé le poids de ma vie personnelle. Car ma vie de femme a fait partie de chacun des actes importants de mon métier. Lorsque j'écrivais machinalement « Gisèle Halimi avocate », je chargeais le mot *avocate* du mélange inextricable de mes deux parcours avec les déchirements que cela impliquait. Participer, par exemple, au pont aérien que les avocats parisiens avaient installé pour défendre les nationalistes algériens, n'était-ce pas décider que ma vie de femme, de mère de deux jeunes enfants, passait au second plan ? Étais-je donc une mère indigne, animée par la seule volonté de peser sur le cours des événements, à l'instar de mes collègues masculins, nullement préoccupés, eux, des conséquences sur leurs familles ?

J'ai longtemps esquivé la question, accomplissant des prouesses pour retrouver, dans la même journée, l'un de mes fils mal en point en maison d'enfants ou l'autre hospitalisé pour une appendicite aiguë alors que je me trouvais le matin à la barre d'un tribunal militaire en Algérie. C'était périlleux, terriblement culpabilisant. Ma mère en rajoutait en parlant de mes nounous ou étudiantes au pair comme de « mains mercenaires » (elle pensait « tortionnaires ») ou en m'accusant d'abandonner mes enfants « pour défendre les Arabes ». Je résistais. L'Histoire se mêlait à ma vie, jusqu'à la remplir totalement. Et j'étais femme-sujet, exactement comme j'avais toujours voulu l'être, mais dans un monde qui ne s'y prêtait pas. Et ma mauvaise conscience me coupait en deux. Je voulais tout, agissant comme un homme mais jugée comme une femme, décidée à vivre mon métier dans ses défis et son intensité, mais sans renoncer aux câlins ni aux histoires lues au lit. En permanence, donc, le grand écart. Des nuits courtes et des contorsions insensées pour assurer les audiences d'un tribunal militaire qui égrenait les noms des condamnés à mort, tout en prévoyant avec minutie menus quotidiens et emplois du temps pour l'étudiante gardant mes deux petits, Jean-Yves et Serge. Plus tard des voyages éclairs, des trains et avions à point d'heure, pour petit-déjeuner ou dîner avec mon troisième fils, Emmanuel, né en 1964, loin de la tourmente algérienne, mais si jeune encore pendant ces procès, campagnes, meetings touchant à la libération des femmes. Je vous l'ai dit : j'emportais ma vie dans les prétoires. Ma vie et toute ma colère. Changer le monde en plaidant… Quel programme !

Un homme me comprenait. J'ai eu cette chance. Un homme qui m'a accompagnée, soutenue, épaulée, pendant soixante ans et dont j'éprouve aujourd'hui le manque terrible. Un féministe. Je n'ai jamais rencontré un homme qui le soit davantage. Avec qui j'avais mille complicités sur des choses fondamentales et avec qui j'ai partagé tous mes combats. Claude Faux, le père d'Emmanuel. Nous nous sommes connus le 31 décembre 1958 et mariés le 21 février 1961 à la mairie du 10e arrondissement de Paris, avec pour témoins le poète Louis Aragon et le peintre tapissier Jean Lurçat. Il était inscrit au barreau de Paris, s'était illustré au concours de la conférence, mais sa passion, depuis l'adolescence, était d'écrire de la poésie. Sartre à qui il avait envoyé le manuscrit d'un roman lui avait dit : « Il faut le publier, vous êtes un écrivain. » Et il avait ajouté : « J'ai besoin d'un secrétaire, voulez-vous travailler avec moi et continuer d'écrire ? » C'est ainsi qu'il avait succédé à Jean Cau au 42, rue Bonaparte. Et c'est ainsi, et par le plus grand des hasards, que mes liens avec Sartre s'en sont trouvés renforcés.

Nous avons tout fait ensemble. Nous étions partenaires, liés par une immense tendresse. Et nous parlions. Nous parlions. De livres, de politique (il avait été communiste et avait pris sa carte auprès de Paul Éluard lui-même, le chantre de *Liberté*), de justice, d'art. Et de la cause des femmes qui était aussi la sienne. Je n'aurais d'ailleurs jamais pu vivre avec un homme qui n'aurait pas compris la cause des femmes. C'eût été impossible. Quand je me levais le matin, il avait déjà lu les informations du jour et relevé tout ce qui pouvait m'intéresser, notant des propos sexistes qu'il me faudrait dénoncer, ou des gestes d'irrespect qu'il jugeait intolérables. Il m'incitait à réagir, protester, ne rien laisser passer. Et on écrivait ensemble un communiqué. Il me donnait constamment des idées, des conseils : « Tiens, tu devrais travailler là-dessus, ce truc ferait avancer les femmes. » Et il me tendait des pages remplies de sa belle écriture, solide comme lui-même. Souvent je me cabrais. Mais en lisant ses notes, j'affûtais mon propos et mes initiatives.

C'est ensemble que nous avons manifesté contre la guerre d'Algérie, et ensemble que nous avons été matraqués par la police et hospitalisés. Ensemble aussi que nous nous sommes rendus à des audiences, des visites de prisons, de multiples réunions publiques. Lorsque je prenais la parole dans un contexte difficile politiquement, me fichant des menaces et des risques, il se posait au fond de la salle, aux aguets. Et de la scène, je distinguais la silhouette massive et la chevelure argentée de mon garde du corps discret. C'était le seul homme à participer concrètement aux activités de Choisir, à assister à nos réunions de bureau, à réaliser la maquette de notre journal, à tenter de trouver des fonds. « Il est plus motivé que nous ! » s'amusaient mes amies. Je crois qu'on me l'enviait.

Il aurait pu se mettre entre parenthèses lors des folles aventures de mes campagnes électorales. Au contraire, il les a assumées, en les organisant, les rendant plus fécondes. Bien sûr on s'engueulait. Il m'est même arrivé plusieurs fois de le traiter de machiste. À quoi il répondait : « Vous n'êtes pas mûres pour vivre en couple, vous les féministes ! » Il faut bien avouer que concilier théorie et pratique quotidienne constitue un fameux défi pour ceux qui veulent changer le monde. On l'a relevé ensemble. Féministes et soudés. On s'est bien amusés.

Car des amis nombreux ont accompagné cette route, la maison en était souvent remplie. J'ai dit combien Sartre et le Castor y avaient une place particulière. Sartre, mon doux ami qui préférait la compagnie des femmes à celle des hommes. Le Castor, irréductible combattante, dont les analyses au scalpel de la condition féminine ne cessaient de me fasciner. De son livre essentiel, *Le Deuxième Sexe*, elle disait : « À quelques détails près, je le réécrirais », consciente de nous avoir fourni l'instrument primordial qui fonderait nos luttes. Des *Mandarins*, que j'avais lu avec délice, elle m'a déclaré un jour, avec un humour, je crois, involontaire : « Oui, ils lui ont donné le Goncourt. Mais il ne faut rien exagérer, ce n'est pas un si mauvais livre après tout. » Je me souviens de dîners joyeux avec eux, l'artiste Zouc, l'écrivain Poirot-Delpech, l'amie

Claire Bretécher. Avec Françoise Sagan aussi. Françoise qui avait conquis mes petits garçons en les emmenant dans sa bagnole de sport faire des pointes de vitesse, tandis que je tremblais en me maudissant de n'avoir su dire non.

Témoins de notre mariage, Aragon et Lurçat furent également les coparrains d'Emmanuel. Lurçat lui offrit une lithographie représentant un centaure avec ces mots : « Les dieux sont comme les parrains. Chevelus, gueulards, hirsutes et solennels. » Aragon choisit un de ses livres. Une jolie édition, hors commerce, de son *Voyage en Hollande*. « À Emmanuel, pour commencer sa bibliothèque avec une tulipe. » Le couple qu'il formait avec Elsa Triolet – on oublie trop souvent qu'elle fut la première femme à obtenir le Goncourt – ne cessait de m'amuser. Je le revois un soir dans notre salon raconter, avec verve, une longue histoire. Elle l'a interrompu, avec son accent russe qui lui faisait rouler les « r » : « Abrrrrrège, Louis. Tou ne vois pas que tou ennuies tout le monde ? » Nous avons éclaté de rire en protestant. Non, bien sûr qu'il ne nous ennuyait pas ! Mais elle avait une sacrée personnalité et ne se gênait pas pour lui faire des remarques acerbes, lui qui s'installait à ses pieds, au bas du canapé, les yeux éperdus d'amour et bien trop théâtral. Claude, qui l'avait connu étudiant, éprouvait pour lui une sorte de vénération. Ils parlaient ensemble de poésie et Aragon disait : « Écoute, petit... » Sur la tombe de mon père, à Nice, j'ai d'ailleurs fait graver l'un de ses vers : « Toi qui vas demeurer dans la beauté des choses... » Les poètes nous furent toujours proches. Je n'ai pas connu Éluard, mais Dominique, sa troisième femme, sa muse, fut mon amie intime. Pablo Neruda, « Pablito », fut aussi un familier, lui qui m'a dédié un poème où il évoque « la belle femme aux yeux tristes ». C'est vrai qu'il m'avait vue en piètre état à mon retour du Chili où m'avait invitée le président Salvador Allende, et où j'avais été victime d'un accident de voiture sur une route de Valparaiso. Et je me souviens aussi d'Aimé Césaire dont la poésie du *Cahier d'un retour au pays natal* m'a inondée de mille lumières. À la veille du procès de Bobigny, il m'avait apporté un soutien aussi sincère que précieux. « Dans tous les cas, je serai à vos côtés. » À lui, le mot « féministe » était loin de faire peur.

J'avais aussi « mes scientifiques ». Jean Rostand le premier, qui me faisait du thé lorsque j'allais le voir dans sa maison de la banlieue parisienne et qui fut à l'origine de Choisir. Les professeurs Jacques Monod et François Jacob, co-prix Nobel, qui n'ont cessé de me manifester leur appui. Et puis Noam Chomsky, linguiste, philosophe, intellectuel américain engagé rencontré en 1967 à Boston, si critique sur son pays, si libre dans sa dénonciation des discours officiels. J'aime les gens libres et ardents. Romain Gary dont je fus aussi l'avocate dans l'affaire Ajar m'a enchantée. Signoret et Montand parfois épaulée. Julien Clerc et Miou-Miou beaucoup divertie, comme mon ami Maxime Le Forestier qui m'a fait le cadeau de soirées intimes au son de sa guitare.

Mais le frère choisi, « mon petit frère » comme je l'appelais souvent, ce fut Guy Bedos. Nous nous sommes rencontrés en août 1976, le dernier été de mon père,

Édouard, pour lequel j'avais loué une maison dans le sud de la France, proche de la sienne. Et par une sorte de tropisme réciproque, nous sommes allés l'un vers l'autre. Nous avions tant de choses en commun : le déracinement de notre terre natale (l'Algérie pour lui, la Tunisie pour moi), le rejet de tout esprit colonisateur, le refus du racisme et, pour lui comme pour moi qui étions nés dans des milieux croyants, une vision de la religion comme un enfermement, surtout vis-à-vis des femmes. De fait, nous ne nous sommes plus quittés. Lorsque Nicolas est né, en avril 1979, Guy et Joe, sa femme, m'ont proposé d'être la marraine de leur premier enfant. J'ai accepté, en prenant mon rôle très au sérieux. Jean-Loup Dabadie en était le parrain. Quatre ans plus tard naissait Victoria. Et Claude, mon mari, devint parrain à son tour.

Tout au long de ces années, nous avons partagé des dîners, des fêtes, des Noëls avec « les Bedos ». Nos deux familles ne faisaient qu'une. Guy essayait souvent ses sketches sur nous, public impitoyable. Il nous obligeait, par le rire, à regarder au fond de nous-mêmes. Féroce et tendre. Pied de nez au calendrier et aux conventions, nous prenions un plaisir de mécréants à célébrer Noël le 25 janvier. Cela faisait une occasion de plus de faire la fête et de rendre l'hiver plus doux.

Et puis nous avons vieilli. Au point de fêter Noël le 24 décembre au soir, comme tout le monde. La dernière fois que j'ai vu « mon petit frère », c'était donc pour le réveillon 2019 organisé par Joe dans leur appartement de l'île Saint-Louis. Toute la tribu était au complet, y compris la dernière-née de la bande, Zelda, la fille de Victoria. Vers minuit et demi, nous nous sommes levés pour partir, mon fils Emmanuel et moi. Mais sur le chemin des manteaux et parkas, nous nous sommes arrêtés devant un piano. Avec des notes dans la tête. Et Nicolas s'est mis joyeusement au clavier : Piaf, Barbara, Montand, Julien Clerc… Je me suis approchée de mon filleul-maître de cérémonie, et j'ai chanté sur ses notes. Victoria était de l'autre côté du piano. Et Guy, le patriarche, intrigué par ce concert improvisé, s'est approché à son tour. On a pris quelques photos. On riait.

On s'embrassait. Il y a même eu quelques pas de danse. Les glaces avaient fondu. C'était tout pour la musique… Et le bonheur d'être ensemble. Jusqu'au bout de la nuit. Dernier souvenir avec mon Guy. Souvenir de fête.

Certains parlent d'« affinités électives ». J'affectionne l'idée de la « famille choisie ». Et à cette heure si particulière de ma vie où le temps s'effiloche et les amis disparaissent en cortège, j'aime à penser que ce qui nous réunissait tous, outre un appétit et une curiosité insatiables pour les choses de la vie, tenait dans notre adhésion à cette phrase de René Char : « Ce qui vient au monde pour ne rien troubler ne mérite ni égards ni patience. »

CONCLUSION

Le flambeau

Vous avez largement « troublé », pour reprendre le mot de René Char. Vous avez protesté, réclamé, tempêté, ferraillé, défendu. Vous avez alerté l'opinion sur des situations injustes, provoqué de grands débats de société et fait changer des lois. Mais votre grande cause a toujours été celle des femmes. Où en sommes-nous ? Qu'attendez-vous d'elles aujourd'hui ?

J'attends qu'elles fassent la révolution. Je n'arrive pas à comprendre, en fait, qu'elle n'ait pas déjà eu lieu. Des colères se sont exprimées, des révoltes ont éclaté çà et là, suivies d'avancées pour les droits des femmes. Mais nous sommes encore si loin du compte. Il nous faut une révolution des mœurs, des esprits, des mentalités. Un changement radical dans les rapports humains, fondés depuis des millénaires sur le patriarcat : domination des hommes, soumission des femmes. Car ce système n'est plus acceptable. Il est même devenu grotesque. Pendant longtemps, la soi-disant incompétence des femmes a servi à justifier leur exclusion des lieux de pouvoir et de responsabilité. Forcément, une femme instruite étant réputée dangereuse, on s'arrangeait pour les priver d'instruction ou d'accès aux meilleures écoles. Mais c'est terminé. Au moins dans les sociétés occidentales. Les femmes y sont désormais éduquées et brillent dans les études supérieures, davantage même que les hommes. Personne n'oserait plus prétendre qu'elles ne sont pas aussi compétentes qu'eux. Elles ont, au moins en théorie, accès à toutes les plus hautes fonctions. Elles peuvent construire des viaducs, diriger une centrale nucléaire, piloter un avion de chasse, présider une cour d'assises, administrer une banque ou un pays. Et pourtant…

Qui pourrait affirmer que nos sociétés sont désormais égalitaires ? Que la question est réglée, que les femmes jouissent d'un statut équivalant à celui des hommes, qu'elles ne sont pas sous-sujets, sous-citoyennes, sous-représentées dans les instances décisionnelles ? Avez-vous vu les photos de la table des négociations sur les retraites à Matignon ? Ou celles des discussions de paix sur la Syrie, l'Irak, l'Afghanistan ? Des hommes, des hommes, des hommes. En 2020. C'est consternant. Notre numéro de Sécurité sociale commence par le chiffre 2. Celui des hommes par le chiffre 1. Ce n'est évidemment pas un hasard. Nous restons reléguées au second rang, inessentielles derrière les essentiels.

Petite, je m'emportais en criant : « C'est pas juste ! », indignée par les différences de statut et de privilèges entre garçons et filles, y compris au sein de ma famille. Eh bien, c'est toujours « pas juste », quatre-vingts ans plus tard. Cela reste une malédiction de naître fille dans la plupart des pays du monde, à tout le moins un manque de chance, et ce constat m'est douloureux.

Comment se fait-il qu'il ne conduise pas à l'insurrection ? Comment se fait-il que cette injustice majeure qui touche un être sur deux sur la planète ne soulève pas une vague de fond de protestation ? Un peu partout dans le monde, les peuples opprimés finissent par se révolter contre leurs oppresseurs ; et les esclaves par se libérer. Alors ? Pourquoi la cause des femmes ne mobilise-t-elle pas davantage ? Qu'attendent les femmes pour se lever et pour crier « Assez ! » ?

Trop d'entre elles consentent à leur oppression. Cela paraît insensé, bien sûr, mais religion et culture se liguent depuis des siècles pour fonder ce consentement mû en complicité. Victimes d'enfermement, elles se laissent leurrer par les fleurs de leur maître, ses hymnes à la fée du logis, ses éloges à la déesse de leur cœur. Savez-vous ce que Freud lui-même écrivait à Martha, sa fiancée ? « Le destin de la femme doit rester ce qu'il est : dans la jeunesse, celui d'une délicieuse et adorable chose, dans l'âge mûr, celui d'une épouse aimée. » Eh bien voyons ! Balzac était plus cynique :

« La femme est une esclave qu'il faut savoir mettre sur un trône. » On ne saurait mieux exprimer le piège tendu aux femmes. Le trône est une prison, elles le découvrent très vite mais s'y résignent, cherchant désespérément à y trouver quelque avantage pour éviter la blessure, sauver l'honneur, sauver leur peau, quitte à entretenir et reproduire le système. Complices, donc. Et c'est terrible. Le sort des femmes n'échappe pas à la règle qui perpétue les grandes oppressions de l'Histoire : sans le consentement de l'opprimé – individu, peuple, ou moitié de l'humanité –, ces oppressions ne pourraient durer.

Il faut donc casser ce système. Déssiller les yeux. Obliger chacun à regarder le monde tel qu'il est et non tel qu'il nous est raconté dans un narratif fallacieux, destiné à faire croire à une harmonie complémentaire entre les sexes. Ça suffit, la fiction ! Suffit, toute cette propagande véhiculée par les mythes, les rites, les grands classiques du cinéma et de la littérature, et jusqu'à il y a peu par l'enseignement. C'est elle qui a fait croire que le génie ne pouvait être que masculin puisque l'Histoire n'avait retenu que des noms d'hommes parmi les scientifiques et les artistes ayant marqué leur temps. Une honte quand on sait combien de travaux de femmes (en musique, peinture, littérature) ont été gommés ou pillés par leurs maris, frères, compagnons. Songez à Clara Schumann, Alma Mahler, ou à cette pauvre Fanny Mendelssohn, pourtant si douée, à qui son père a ordonné : « Renonce à des triomphes qui ne conviennent pas à ton sexe et cède la place à ton frère. » Et Colette, pillée par Willy ? Et Camille Claudel jalousée par Rodin ? Et les sœurs Morisot, Berthe et Edma, admirées par Manet qui a tout de même osé écrire : « Les demoiselles Morisot sont charmantes, c'est fâcheux qu'elles ne soient pas des hommes. » Quelle misère !

Alors, oui, j'ai envie de dire plusieurs choses aux jeunes femmes qui préparent le monde de demain.

D'abord, soyez indépendantes économiquement. C'est une règle de base. La clé de votre indépendance, le socle de votre libération, le moyen de sortir de la vassalité naturelle où la société a longtemps enfermé les femmes. Comment devenir un être de projets si l'on demeure assujettie au pouvoir d'un « protecteur » ? Comment vivre la vérité d'une relation amoureuse si l'on est entretenue et contrainte, en cas d'insatisfaction sexuelle, de feindre le plaisir puisque quitter le seigneur et maître est exclu ? Comment être libre d'exister, de choisir, de fuir en cas de violence, si l'on est dépourvue de moyens, de métier, de relations sociales et de l'estime de soi que procure l'indépendance économique ? Ce conseil peut paraître superflu aux jeunes filles qui préparent leur bac et entendent travailler. Je leur parle d'expérience, et en tant qu'avocate des femmes depuis soixante-dix ans. Sachez qu'à la première crise économique, c'est le travail des femmes qui est toujours remis en cause. Ce sont elles, les premières victimes du chômage. Elles, les plus mal payées et le plus gros contingent (deux tiers) des smicards. Elles, à qui l'on propose en priorité le temps partiel, abusivement appelé « temps choisi » alors qu'il n'est un choix que pour une infime minorité d'entre elles. Alors ayez de l'ambition, développez de grands rêves mais ne perdez jamais de vue l'exigence primordiale de l'indépendance.

Ensuite, soyez égoïstes ! Je choisis ce mot à dessein. Il vous surprend ? Tant pis. Les femmes ont trop souvent le sentiment que leur bien-être doit passer après celui des autres, les parents, les enfants, les compagnons, le cercle professionnel et familial. Elles craignent de s'imposer, d'exiger, de révéler leurs envies ou ambitions, de se mettre clairement en avant. Ce n'est pas qu'elles soient naturellement modestes. C'est juste que l'Histoire leur a dicté cette attitude de réserve, voire de retrait : une femme ne doit pas faire de bruit, ne pas déranger, ne pas se faire remarquer, ne pas avoir l'esprit de compétition, ne pas chercher la gloire. Ça, c'est réservé aux hommes. Mais rebellez-vous ! Pensez enfin à vous. À ce qui vous plaît. À ce qui vous permettra de vous épanouir, d'être totalement vous-mêmes et d'exister pleinement. Envoyez balader les conventions, les traditions et le qu'en-dira-t-on. Fichez-vous des railleries et autres jalousies. Vous êtes importantes. Devenez prioritaires.

À cela, j'ajoute : refusez l'injonction millénaire de faire à tout prix des enfants. Elle est insupportable et réduit les femmes à un ventre. Dépossédées de tout pouvoir, elles n'ont longtemps eu droit qu'à ce destin : perpétuer l'humanité. Et malheur aux femmes stériles (qu'on ne se privait pas de répudier) ou au choix de la « nullipare » : il était incompréhensible, sinon répréhensible. La « mère » était souveraine. La littérature, les conventions sociales, la publicité, les lois en ont créé un stéréotype, que l'on met sur un piédestal, auréolé de son abnégation et de son oubli d'elle-même. On méprise la femme, mais on vénère la mère, dont l'enfant devient l'ornement. Je me souviens combien, lycéenne, j'avais été frappée par l'évocation de la mère des Gracques montrant fièrement ses fils : « Mes bijoux, les voici. » Leur éclat devait rejaillir sur elle qui leur avait consacré son temps, ses soins, toute son énergie, allant jusqu'au sacrifice de sa vie personnelle. Mère exemplaire par excellence.

J'ai moi-même enfanté. Par trois fois. Ce n'était ni par conformisme ni besoin de substitut. Mais par curiosité. Une curiosité insatiable, trait fondamental de mon caractère. Une curiosité féministe : je voulais savoir ce que grossesse et accouchement provoqueraient dans mon corps et dans ma vie de femme. Aurais-je encore envie de lire des nuits entières ? De faire l'amour ? D'écouter de la musique ? Pourrais-je travailler, plaider, interférer avec les autres ? Porter et mettre au monde un enfant me semblaient l'ultime expérience de mon destin biologique. Il fallait que je le vive plutôt que de le lire pour le théoriser. Et puis, je l'avoue, je désirais une fille. Chaque fois. De toute mon âme. C'eût été si intéressant ! Quel défi pour une féministe ! Élever une fille dans un monde régi et pensé par les hommes. L'éveiller à ses dons, lui révéler sa force et lui donner confiance. Incarner la femme libre qu'elle aurait été plus tard. Lui offrir en somme tout ce dont Fritna m'avait privée. Fritna que j'adorais et qui ne m'aimait guère. Fritna qui roucoulait : « Mon fils, mon fils ! » mais me refusait toute étreinte et le moindre baiser. Fritna, ma mère, dont j'ai tant quêté le regard et que j'implorais encore, à 60 ans passés : « Pourquoi maman ? Pourquoi tu ne m'as jamais aimée ? »

Eh bien j'affirme que la maternité ne doit pas être l'unique horizon. Et que l'instinct maternel est un immense bobard à jeter aux poubelles de l'Histoire. Je n'y ai jamais cru. La vie n'a fait que confirmer mes intuitions. Alors j'insiste : soyez libres ! La maternité n'est ni un devoir ni l'unique moyen d'accomplissement d'une femme. Elle mérite réflexion, considération, sans aucune autocensure : pourquoi faire un enfant ? Sauver le monde ? Se reproduire ? Laisser une trace ? Ce doit être une décision prise en liberté, et en responsabilité, hors pressions bibliques ou conditionnement social. Un engagement réfléchi et lucide.

Enfin, n'ayez pas peur de vous dire féministes. C'est un mot magnifique, vous savez. C'est un combat valeureux qui n'a jamais versé de sang. Une philosophie qui réinvente des rapports hommes-femmes enfin fondés sur la liberté. Un idéal qui permet d'entrevoir un monde apaisé où les destins des individus ne seraient pas assignés par leur genre ; et où la libération des femmes signifierait aussi celle des hommes, désormais soulagés des diktats de la virilité. Quand on y songe, quel fardeau sur leurs épaules !

Les féministes de ma génération se sont vaillamment battues. Nous avons arraché une à une des réformes qui profitent à toute la société française : lois sur la contraception, l'avortement, le divorce, reconnaissance du harcèlement sexuel comme un délit et du viol comme un crime, mesures en faveur de la parité politique et de l'égalité professionnelle… Disons qu'on a bien déblayé le terrain. Mais il faut une relève à qui tendre le flambeau. Le combat est une dynamique. Si on arrête, on dégringole. Si on arrête, on est foutues. Car les droits des femmes sont toujours en danger. Soyez donc sur le qui-vive, attentives, combatives ; ne laissez pas passer un geste, un mot, une situation, qui attente à votre dignité. La vôtre et celle de toutes les femmes. Organisez-vous, mobilisez-vous, soyez solidaires. Pas seulement en écrivant « Moi aussi » (Me Too) sur les réseaux sociaux. C'est sympathique, mais ça ne change pas le monde. Or c'est le défi que vous devez relever. Soyez dans la conquête. Gagnez de nouveaux droits sans attendre qu'on vous les « concède ». Créez des réseaux d'entraide – les hommes en bénéficient depuis des lustres – et misez sur la sororité. Désunies, les femmes sont vulnérables. Ensemble, elles possèdent une force à soulever des montagnes et convertir les hommes à ce mouvement profond. Le plus fascinant de toute l'histoire de l'humanité.

Je ne crois pas en une « nature » féminine pas plus qu'en une « nature » masculine. En des « valeurs » et « qualités » typiquement féminines ou typiquement masculines. En « l'éternel féminin », cette aimable plaisanterie inventée par des machistes pour mieux nous circonscrire. Les théories essentialistes ne sont pas ma tasse de thé.

Mais je suis convaincue que notre expérience de l'injustice, de l'exclusion, de la souffrance nous a conféré une richesse supplémentaire. Et que, sans en avoir conscience, nous puisons dans notre histoire de domination patriarcale des ressorts insoupçonnés. Il a fallu serrer les dents, s'adapter, inventer, résister. Refouler nos envies, mais pas notre imaginaire. Brider nos pulsions, pas notre volonté. Étouffer nos talents, pas notre sensibilité. Sans doute même s'est-elle développée, et nous donne-t-elle un sens de l'autre plus aigu, une indulgence pour la marge, une empathie pour les fragiles… Une nouvelle nature ? Je ne saurais trancher. Mais je sais que de ces valeurs d'opprimés – courage, endurance, résilience – peut jaillir une formidable créativité.

On ne naît pas féministe, on le devient.

REMERCIEMENTS

Je remercie particulièrement ma fidèle assistante, Sandrine Denos, qui a accompagné, partagé ce projet.

Table

OUVRAGES DE GISÈLE HALIMI

Djamila Boupacha, préface de Simone de Beauvoir, dessin original de Picasso, Gallimard, 1962 et rééditions.

Resistance Against Tyranny (en collaboration), Londres, E. Heimler, 1966.

Le Procès de Burgos, préface de Jean-Paul Sartre, Gallimard, « Témoins », 1971 (épuisé).

La Cause des femmes, Grasset, 1974 ; Gallimard, « Folio », 1992 et rééditions.

Le Programme commun des femmes (en collaboration), Grasset, 1978 (épuisé).

Le Lait de l'oranger, Gallimard, 1988 ; « Folio », 1990 et rééditions.

Une embellie perdue, Gallimard, 1995.

La Nouvelle Cause des femmes, Seuil, 1997.

La Parité dans la vie politique. Rapport de la commission pour la parité entre les hommes et les femmes dans la vie politique, La Documentation française, 1999.

Fritna, Plon, 1999 ; Pocket, 2001 et rééditions.
Avocate irrespectueuse, Plon, 2002 ; Pocket, 2003 et rééditions.
L'Étrange Monsieur K., Plon, 2003.
La Kahina, Plon, 2006 ; Pocket, 2009.
Ne vous résignez jamais, Plon, 2009 ; Pocket, 2010.
Histoire d'une passion, Plon, 2011.

En collaboration avec « Choisir / La cause des femmes »
Avortement : une loi en procès. L'affaire de Bobigny, préface de Simone de Beauvoir, Gallimard, « Idées », 1973.
Viol : le procès d'Aix-en-Provence, Gallimard, « Idées », 1978.
Choisir de donner la vie, Gallimard, « Idées », 1979.
Quel président pour les femmes ?, Gallimard, « Idées », 1981.
Fini le féminisme ?, Gallimard, « Idées », 1984.
Femmes : moitié de la terre, moitié du pouvoir, Gallimard, 1994.
Le Procès de Bobigny, avant-propos de Gisèle Halimi, Gallimard, 2006.
La Clause de l'Européenne la plus favorisée avec « Le meilleur de l'Europe » par Gisèle Halimi, Éditions des femmes, 2008.

OUVRAGES D'ANNICK COJEAN

FM, la folle histoire des radios libres (avec Frank Eskenazi), Grasset, 1986.

Retour sur images, Grasset, 1997.

Cap au Grand Nord, Seuil, 1999.

L'Échappée australienne, Seuil, 2001.

Les hommes aussi s'en souviennent (entretien avec Simone Veil), Stock, 2004.

Les Proies. Dans le harem de Kadhafi, Grasset, 2012.

« Je ne serais pas arrivée là si... », Grasset, 2018.

Simone Veil ou la force d'une femme (avec Xavier Béteaucourt et Étienne Oburie), roman graphique, Plon-Steinkis, 2020.

Ouvrages collectifs

Grand Reportage. Les héritiers d'Albert Londres, Florent Massot, 2001.

Grands Reporters. Les Arènes, 2010 (prix Albert Londres).

Grands Reporters. Le monde après 1989, Les Arènes, 2018.

Ouvrages de photographie

Pauvres de nous, Photo-Poche / Nathan, 1996.

Bruno Barbey, Photo-Poche / Nathan, 1999.

Marc Riboud, 50 ans de photographie, Flammarion, 2004.

Martine Franck, Photo-Poche, 2007.

Simone Veil et les siens (préface), Grasset, 2018.

PAPIER À BASE DE FIBRES CERTIFIÉES

Le Livre de Poche s'engage pour l'environnement en réduisant l'empreinte carbone de ses livres. Celle de cet exemplaire est de :
300 g éq. CO_2
Rendez-vous sur www.livredepoche-durable.fr

Composition réalisée par PCA

Achevé d'imprimer en France par
CPI BUSSIÈRE (18200 Saint-Amand-Montrond)
en avril 2022
N° d'impression : 2064522
Dépôt légal 1re publication : septembre 2021
Édition 02 - avril 2022
LIBRAIRIE GÉNÉRALE FRANÇAISE
21, rue du Montparnasse – 75298 Paris Cedex 06

27/2465/4